はしがき

推薦入試やＡＯ入試で小論文や作文が定番になっている。ほとんどの大学・短大で推薦入試が行われ、そのほとんどで小論文や作文が入試科目に含まれている。

それなのに、「文章を書くのが苦手だから」といって、小論文・作文を避けていたのでは、合格のチャンスを自分から捨てているようなものだ。「手紙を書くのは好きなので、何とかなるだろう」と考えている人も、考えの甘さのためにチャンスを逃してしまうだろう。

小論文や作文は難しくない。国語の苦手な人でも、書き方を知り、知識を増やせば、すぐに書けるようになる。だが、小論文には小論文の書き方がある。作文には作文の書き方がある。それを知らないと、的外れなことを書いてしまって、ひどい点をとってしまうだろう。

そこで、推薦入試やＡＯ入試で求められる小論文とは何か、作文とは何かをわかりやすく説明し、実際の書き方、勉強の仕方をまとめたのが、本書だ。本書にしたがってしっかり勉強していけば、必ず合格に必要な力がつくはずだ。

本書によって多くの人が大学・短大に合格し、そればかりか、これを手がかりにして、社会や人間について深い関心を持つようになってくれることを祈っている。

二〇〇九年五月

著者

目次

第2章 合格するための小論文対策

『小論文型』に取りかかる前に

テーマ小論文の対策

第3章 合格するための作文対策

第4章 合格するための実戦対策

学部別対策

第1章

推薦小論文の傾向と書き方

推薦小論文の傾向

1 推薦小論文は基礎力を要求している

さて、推薦入試やＡＯ入試で小論文が必要な君。君はきっと「一般入試の小論文の参考書は読んだが、推薦入試やＡＯ入試の小論文も同じ書き方でいいんだろうか」と疑問に思っていることだろう。

それだけでなく、「推薦小論文やＡＯ入試小論文も、一般小論文と同じくらいに難しいんだろうか」と不安に思っているかもしれない。

だが、心配ない。**一般小論文も推薦小論文もＡＯ入試小論文も小論文なのだか**

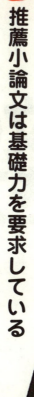

ら、書き方の基本は変わらない。しかし、求めるものが違っている。

一般小論文は、競争率が高いので、個性的で鋭い文章を書かなければ、合格は難しい。無理をしてでも目立とうとしなくてはいけない。そのために、少々背伸びをしてもカッコイイことを書こうとしなくてはいけない。

だが、推薦小論文やAO入試小論文ではそんな必要はない。推薦入試やAO入試というものは、本来、頭でっかちではなく、もっとバランスのとれた学生を確保しようとの趣旨から生まれたものだ。一般入試に比べて競争率は高くはない。

要するに、**推薦小論文やAO入試小論文では基礎的な力が要求されているわけだ。** ガラにもなく難しいことを書く必要はない。無理に頭の良さや知識をアピールしなくてもいい。出る問題もパターンが決まっている。

ひと言で言って、社会的な視野を持って的確に判断を下し、論理的に自分の意見を述べてさえいれば、十分に合格圏なのだ。

▼一般小論文は、少々背伸びをしてもカッコイイことを書こうとしなくてはいけない。

▼推薦小論文やAO入試小論文はガラにもなく、難しいことを書く必要はない。

2 『小論文型』と『作文型』は違う

推薦小論文とAO入試小論文には、大きく分けて、二つのタイプがある。一つは『小論文型』、もう一つは『作文型』だ。

小論文型

●論理的に、社会事象や文化などについて、できるだけ客観的に、感情などは交えずに論じるもの。

表面的な印象だけではなく、なぜそんなことが起こっているのか、その歴史的意味は何か、などについて掘り下げて書かなくてはいけない。

この型の小論文では、最近では、課題文が出されて、それについて論じるものがほとんどになっている。

作文型

●掘り下げたり、判断を下したりするよりも、感受性豊かな感想や鋭い印象を書くもの。

小論文型とは違って、書いた人の思考力や知識よりも、人柄や文章の表現力のほうが重視される。

▼『小論文型』は知識や思考力、『作文型』は人柄や表現力が重視される。

この二つの型は、まったく別のものと考えたほうがいい。大学側が『小論文型』を求めているのに『作文型』を書いてしまうと、場合によっては、物を知らない幼稚な生徒と思われる。逆に、『作文型』が求められているのに、『小論文型』を書くと、頭でっかちで感受性の鈍い人間ということになってしまう。

少し前まで、推薦入試の小論文と言えば、ほとんどが『作文型』で、『小論文型』は少数派だったが、今では逆転して、『小論文型』が大半になっている。だが、注意が必要。試験科目が「作文」となっていても『小論文型』が求められていたり、その逆だったりすることがある。**試験科目の名称に惑わされず、自分の受験する学部がどちらの「型」を求めているのかを知っておかなくてはいけない。**

3 推薦小論文の実際

では、各大学でどのような小論文の問題が実際に出されているかを見てみよう。

ただし、「小論文といっても、いろいろあるんだなあ。これじゃあ、あきらめたほうがいいかな」と思ってはいけない。あとで説明するように、表面的にはさまざまでも、基礎を身につけてしまえば、あとはみんな同じこと。コツをつかめば、スラスラ書けるようになるはずだ。

▼自分の受験する学部が『小論文型』『作文型』のどちらを求めているのかを確実におさえておくことが重要だ。

出題形式による分類

◎小論文型

◆テーマ小論文

題名だけが与えられるもの。小論文の基本だが、最近では減少傾向にある。

◆課題文がついた小論文

課題文が出され、それについて論じるもの。

①　時事問題に関するもの

「多発する少年犯罪に思うこと」（日本大・理工）

「ＩＴ革命について」（鶴見大・歯）

②　一般教養に関するもの

「外来語（カタカナ語）の使われ方について」（鶴見短大・国文）

「心の形成」（佛教大・社会福祉）

▼多くの大学が現在では課題文がついた小論文の形式をとっている。

③　志望学科に関するもの
「なぜ法律が必要か」（東洋大・法）
「自然環境に配慮した食生活について」（実践女子短大・食物栄養）

◆資料がついた小論文

グラフ、表、絵、写真、漫画などを見て、それについて論じるもの。数は少ないが、毎年、数校で出題される。

「育児休暇の取得状況」（意識調査のグラフを参照しながら　東京家政学院短大・生活科学）
「若者の着装行動と私」（さまざまな服装の若者の写真を見て　共立女子大・家政）
「この一年でしたこと」（日韓米の子供がこの一年で何をしたのかを示すグラフを参照しながら　東海大・健康科学）

◎作文型

◆私的なことに関するもの

「私について」（日本獣医畜産大・獣医）
「あなたが読んだ本の中で最も感銘を受けたもの」（明治学院大・文）
「私の尊敬する英米の人物」（聖徳大・英米文化）
「あなたが大学に望んでいること」（大東文化大・経済）
「私の食生活」（戸板女子短大・食物栄養）

◆想像力を働かせる必要のあるもの

「四季のうつろい」（聖徳大・日本文化）
「ありがとう」（日本大・芸術）

自分の受験する大学で出題される形式の傾向を調べて、本書の第2章、第3章を見て、対策を練ること。

しかし、繰り返し言っておくが、どんなに表面的には多彩でも、基本はテーマ小論文。テーマ小論文を理解して、課題文のついた小論文に応用する力をつけておけば、こわいものはない。資料のついた小論文だろうと、作文型小論文だろうと簡単に料理できる。

4 推薦小論文の採点基準

では、大学は、どんな基準で採点しているのだろうか。

受験生の君としては、気にならないほうがおかしい。基準を公開している大学はほとんどない。だが、漏れてくるうわさなどからだいたいの見当はつく。

採点項目は大別して、内容面と形式面に分かれると考えていい。

内容面

① 課題（課題文やグラフ、設問）の意味をきちんととらえているか。

② きちんと整理して、わかりやすく書いているか。特に、小論文型の場合

▼基本はテーマ小論文！テーマ小論文を理解して、課題文のついた小論文に応用する力をつけておけば、小論文対策は万全。

は、論理性が重視される。
③　まじめで積極的な人柄か。

形式面

①　正しく表記しているか（誤字・脱字はないか、漢字や送りがなは正しく使えているか、文法的な誤りはないか）。
②　原稿用紙の使用法に誤りはないか。
③　字はていねいに書いているか。

一般小論文では、形式面よりは内容面がずっと重視されるので、場合によっては字がいくら汚くても、誤字がかなりあっても、鋭い論を展開していれば合格する可能性がある。ところが、推薦入試やAO入試の場合はそうとは限らない。大学によっては、形式を重視するところもある。いずれにしても、原稿を書く決まりはきちんと守るにこしたことはない。

▼推薦小論文の場合、大学によっては、内容と同じくらい形式を重視するところもある。

小論文の書き方の基本

1 推薦小論文を書く心構え

エッセイや手紙とは違って小論文というものは、どう書いてもいいというものではない。読むのは君の友達ではない。初対面の人なのだ。だったら、それなりのマナーは守らなくてはいけない。

(1) 段落変えを忘れずに

君たちの書いた文章でときどきお目にかかるのが、段落変えのない文章。

実際の小論文試験でこのような答案が出ると、採点者は大喜びするだろう。なぜなら、わざわざ時間をかけなくても、一目で不合格にできるからだ。

つまり、段落のない文章は、もうそれだけで、未整理でまとまりのないひどい文章に決まっているということ。**段落のない文章は白紙と同じと考えていい。**

(2) 小論文は「だ・である」調がベスト

「です・ます」と「だ・である」を交ぜる文もよく見かける。それ自体は悪いことではないが、これらを交ぜて書くのは、プロ級でないと使いこなせないほどの高等技術だ。もし君にプロ並みの文章を書ける自信があるのなら大いに使うべきだが、そうでない人はやめておくほうが無難。

また、「です・ます」にも同じことが言える。「です・ます」は、小論文ではたいへん難しい。へたをするとふやけたお手紙調の感想文になってしまうので、できれば**「だ・である」を使うことを勧める。**

(3) 一文を短く

一文が長いのは絶対に悪いというわけではないが、長い文を書くと、どうしても係り受けが曖昧《あいまい》になり、ついだらだらとした感じになる。**一文が六十字を超え**

▼段落のない文章は白紙と同じだ。

ないように気をつけること。短い文を続けていくほうが、読み手にもわかりやすいし、第一、書きやすい。

(4) 流行語・略語は使わない

大学教授には老人もいる。老人でなくても、頭の固い人が集まっているのが大学というところだと考えて、まず間違いない。したがって、老人もわかるような文章を書かなければいけない。仲間うちだけで通じる言葉や流行語は、避けなくてはいけない。文章語、つまり「よそ行きの言葉」で書かなければならない。「ダサイ」「超かわいい」などはタブー。どうしても必要なときは、かぎカッコに入れて、君自身の言葉ではないことを明示しなくてはいけない。！や？などのマークも、本来の日本語ではないので、使わないほうが無難。

(5) 自分のことは「私」と呼ぶべし

自分のことは、男女を問わず、「私」と呼ぶのがいちばん無難だ。「私」を使うのに抵抗を感じる男子は「僕」でもかまわない。「おれ」「自分」は感心しない。

▼一文が六十字を超さないように気をつけること。

▼文章語、つまり「よそ行きの言葉」で書かなければならない。「ダサイ」「超かわいい」などの流行語はタブー。

(6) 冷静に、気配りをして

小論文で最悪なのは、一方的なことを並べる文章だ。「そんな人がいるなど信じられない」「こんなわかりきったことがなぜ実行できないのか」「そんなことはあってはならない」などと、裏付けも説明せずに、頭ごなしに決めつけて怒ってはいけない。

このようなことを書く人は、高潔な考え方をして、「人間は環境に左右されるような弱い存在ではないはずだ」といった前時代的な理屈もこねたがるが、それも好ましくない。

勘違いしてはいけない。**小論文というのは、ある出来事がどんな事情で起こって、今どのようなことが出来事の根本にあるかなどを述べる場所なのだ。**攻撃したり、説教したりする場所ではない。また、「すばらしい」「美しい話だ」とほめちぎるのも、「こんなひどい目にあった」という体験談を書くのも、一方的という面では変わりがない。

(7) 積極的、かつ謙虚に

「積極性」と「謙虚さ」というものはふつう両立するものではない。積極的だ

とどうしても自意識過剰になり、謙虚だと消極的になってしまう。

だが、特に「あなたの……について書きなさい」「私の高校時代」などといった私的な作文を書かせる女子大・女子短大は、この世にめったにいるはずのない、「積極的でまじめで、そのうえ謙虚で高ぶらない」学生を求めている。

だが、「そんなばかな」などと言わずに、そうした「理想的な」生徒を演じなければいけない。そのためには、生意気なことや偉そうなことは書かず、反対意見の人の立場もよく考え、はきはきと、しかし、決めつけずに、自分の意見を言わなければいけない。

(8) 弁解するな

偉そうなことを書くのも失格だが、それと同じほど、**おどおどとした弁解がましい文章も失格だ。**

たとえ謙遜《けんそん》のつもりでも、「私にはこんな難しいことはわからないが」とか「何が言いたいかわからなくなってしまったが」というような文は好ましくない。「幼稚なことを書いてしまったが」などと書くのもいけない。

心の底では、自分の意見に自信を持てずにいても、それを表に出してはいけない。本当はどうあれ、はきはきと意見を言わなければいけない。

▼「積極的でまじめで、そのうえ謙虚で高ぶらない」そんな学生を求めている。

▼偉そうなことを書くのも失格だが、おどおどとした弁解がましい文章も失格だ。

⑼　できるだけ具体的に

抽象的なことがどこまでも続いて、いつまでも具体的な話が出てこないのも、悪い小論文の典型だ。抽象的なことを書くのが高度だという思い込みがあるようだが、それは大きな勘違い。

遠くから撮ったシーンばかりでは映画は成り立たない。遠くから撮ったシーンと近くで撮ったシーンが重なりあって映画ができる。そうでないと大味で細かな点がはっきりしない映画になってしまう。具体的な状況が説明されてこそ、わかりやすい説得力のある映画ができるのだ。

小論文も同じ。そして、この場合、遠くからのシーンに当たるのが抽象的な文。近くからのシーンに当たるのが具体的な文。抽象的なことだけでは、具体的にはどういうことかわからない。具体的なことばかりでは、視野が狭いだらだらした文章になってしまう。

抽象的なことを書いたら具体例を挙げる、具体的なことが続いたら抽象的なまとめをする、という態度が大事だ。たとえば「国際化を進めるべきだ」と抽象的な主張をしたら、必ずどのような国際化が必要かといった具体的な文を織り交ぜる、逆に具体的なことが続いたら、抽象的な文を加えるわけだ。

▼抽象的なことを書いたら具体例を挙げる、具体的なことが続いたら抽象的なまとめをする、という態度が説得力を生む。

2 原稿用紙の使い方・制限字数と時間配分

◆原稿用紙の使い方の決まり

原稿用紙にも書き方の決まりがある。ほとんどは常識としてだれもが知っていると思うが、意外と知られていない決まりもあるので注意が必要。

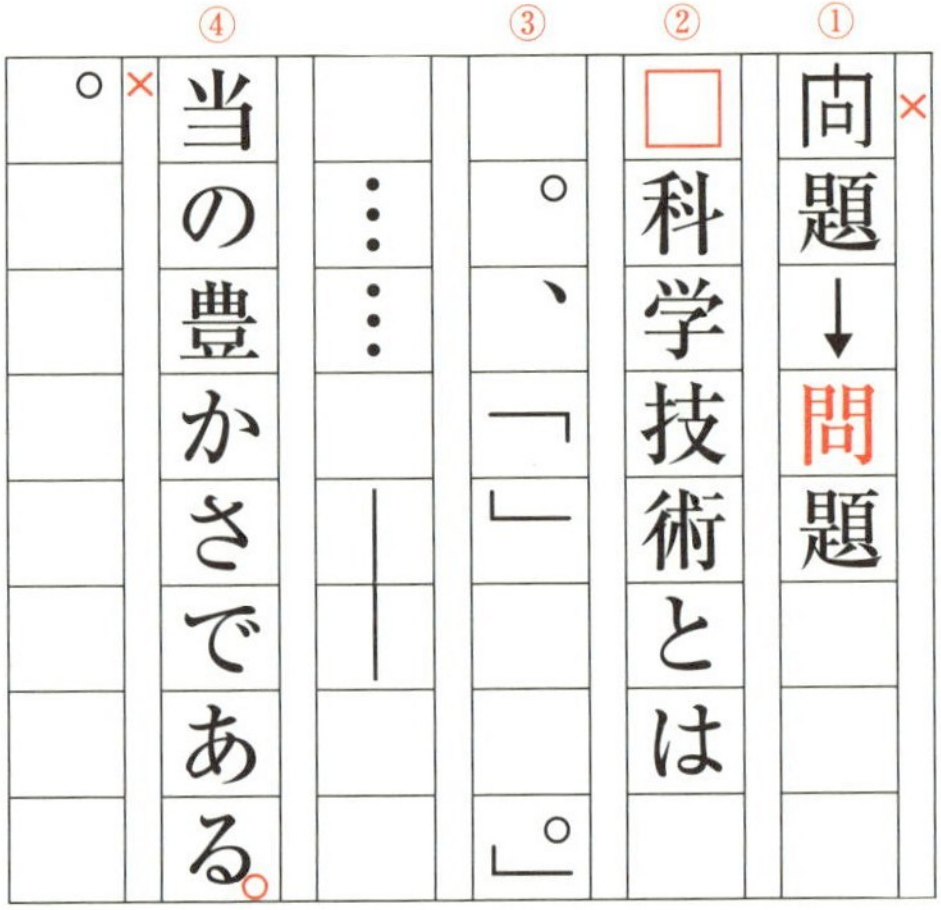

①　必ず楷書《かいしょ》（学校で習った文字）で書き、草書などのくずし字や略字は絶対に避ける。

②　書き出しと段落の初めは必ず一マスあける。

③　一マスに原則として一字を埋める。句読点（マル・テン）やカッコなども一マス分をとる。ただし、閉じの。」は一マス分、……や——は二マス分使う。

④　行の最初に句読点や閉じカッコをつけない。これらが行の最初にくるときは、前の行のマス目の下（マスの中）に加える。この規則を知らない人が多いので特に注意。

▼原稿用紙にも書き方の決まりがある。

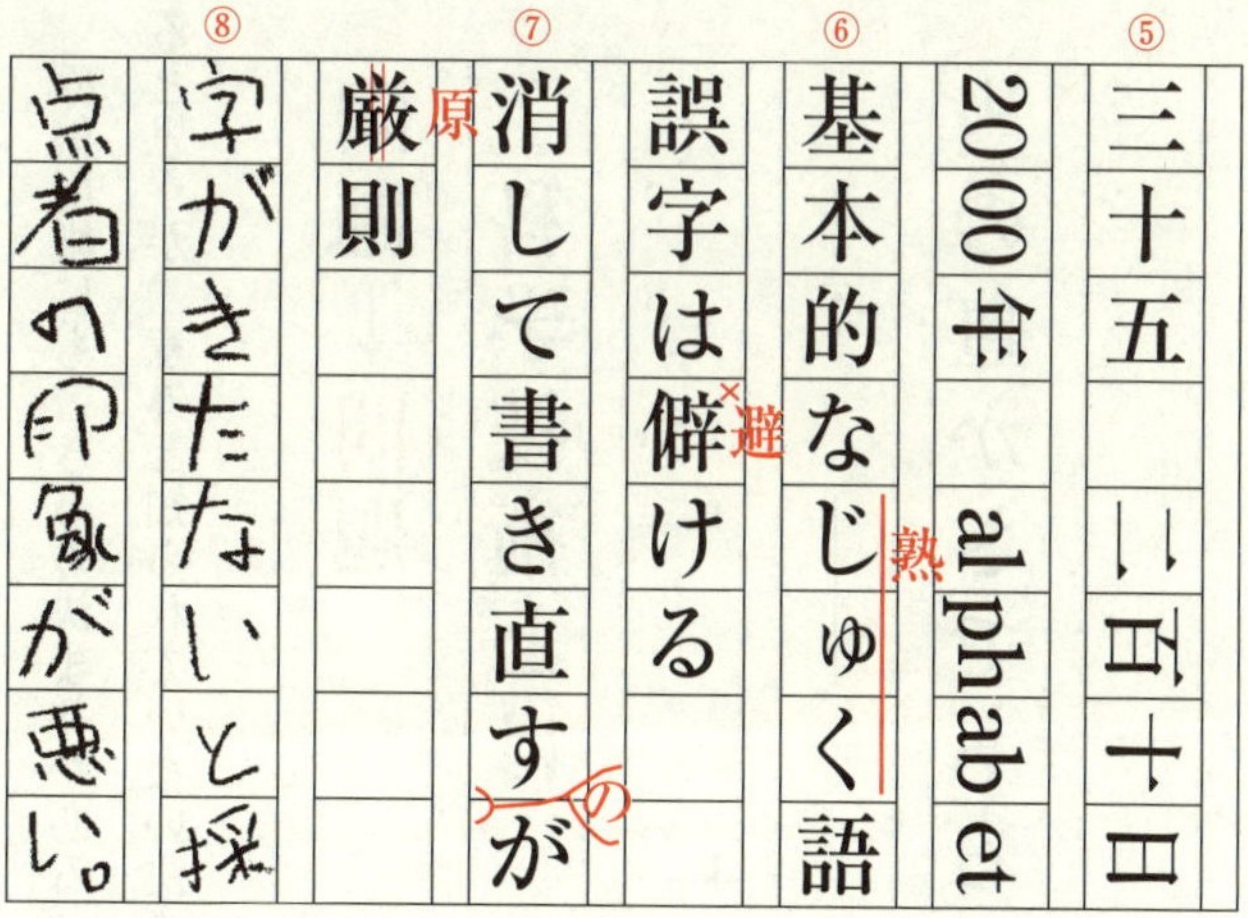

⑤ 数字は縦書きのときは、原則として漢数字を用いる。横書きの場合もふつうは漢数字を用いるが、数量を言うときには算用数字でもよい。また、横書きの場合、数字とアルファベットは一マスに二字入れるのがふつう。

⑥ 漢字を多く使う必要はないが、基本的な熟語（中学生までに習った程度の熟語）は漢字で書く。漢字を忘れたらほかの言葉に変える。誤字は絶対に避ける。

⑦ 誤字、脱字を正すとき、消して書き直すのが原則。しかし、時間がないときや、訂正しなければ意味が通じないときだけ二重線で消したり、訂正の印を入れて、横に書き改めていい。

⑧ 字はできるだけきれいに。字が汚くて不合格にされるというようなことはないが、字がきれいな文章と汚い文章とでは印象がまるで違う。字はきれいにこしたことはない。

◆制限字数

制限字数は必ず守らなくてはいけない。「六〇〇字以内」とあれば、必ず六〇〇字以内に書く。「六〇〇字から一〇〇〇字」という場合も厳守。この場合は、六〇〇字を一字でも超していればいいが、六〇〇字未満か一〇〇〇字を超えるときには0点になる。

「〇〇字程度」という場合には、プラス・マイナス十パーセントが望ましいが、二十パーセント程度は許容範囲。また、「〇〇字以内」「〇〇字程度」の場合、少なくとも半分（八〇〇字以内という場合には四〇〇字）以上は書いていないと、0点をつけられても文句は言えない。合格点を取りたかったら、**八十パーセント以上は埋めなくてはいけない。**

また、「〇〇字」という場合、ごく特殊な場合を除いて、**句読点やカッコ、あるいは段落変えによって生じた空白も字数に加える。**

◆時間配分

実際の試験場でもっとも大事なのは時間配分。これに失敗すると、半分も書かないうちに時間切れという悲惨な目にあう。そこで、時間配分についての注意を

▼“六〇〇字以内”六〇〇字以内を守ること！少なくとも八十パーセント以上書く。
“六〇〇字から一〇〇〇字”六〇〇字から一〇〇〇字を守ること！六〇一字は合格、一〇〇〇字以上は不合格。
“六〇〇字程度”プラスマイナス十パーセント（二十パーセントは許容範囲）。少なくとも八十パーセント以上書く。

▼「〇〇字」という場合、句読点やカッコ、あるいは段落変えによって生じた空白も字数に加える。

いくつか記しておく。

(1) **時間配分をメモに書く**

試験前に、時間配分をしておいて、試験が始まったらすぐメモ用紙にそれを書く。

(2) **時間配分は二つ作る**

一つは、順調にいっている場合の時間配分。もう一つは、「これ以上手間取っては時間切れになるので、この時間になったら、次に移らなければならないという最悪の場合の時間配分。問題の得意、不得意などで、二つの時間配分をうまく使い分けるのが好ましい。

(3) **自分のペースを知る**

自分が原稿用紙を埋めるのにどのくらい時間がかかるかを知っておいて、それを中心に全体の時間配分をする。

(4) **課題文読み取りの時間を決めておく**

課題文や資料の読み取りにあてる時間を前もって決めておくといい。難しい文章が出題されたときなど、読解に時間をかけすぎ、書く時間がなくなって、あわてることがある。時間がきたら、読解が不十分でも、これと決めた内容で書くほうが賢明。いくらトンチンカンでも、白紙よりは合格のチャンスがあると思うべきだ。

▼試験前…時間配分を決めておく
・順調な場合と最悪の場合の二つを用意
・自分の書くスピードを知っておく
・課題文の読み取りの時間も決めておく

▼試験開始…時間配分をメモ用紙に書く
・メモと構成に時間をかける
・下書きは不要
・推敲には時間をかけない

(5) メモに時間をとる

試験時間が始まったとたんに書き出すというのでは、ろくな小論文は書けない。できるだけたくさんの時間をメモと構成に費やしてこそ、いい小論文ができる。構成さえしっかりしていれば、必ずまとまった小論文は書けるので、十分な時間をメモに費やすこと。

(6) 下書きは不要

下書きは、時間に余裕のあるとき以外する必要はない。

(7) 推敲《すいこう》はほどほどに

推敲は誤字や脱字や文法的におかしい文を改めるだけにとどめる。時間まぎわになってあわてて大幅に書き直してもろくなことはない。内容には目をつむって、明らかな誤りだけを改めるべきだ。

九十分で八〇〇字、午前十時に始まる試験を想定して、標準的な時間配分を作ると次ページのようになる。ただし、これはあくまでも標準。下書きをしなければ気がすまない人や、字を埋めるのに時間のかかる人など、人さまざまなので、自分だけの時間割を作らなくてはいけない。

▼できるだけたくさんの時間をメモと構成に費やしてこそ、いい小論文ができる。

	順調な場合の時間配分	最悪な場合の時間配分
メモ・課題文読解	10時00分〜10時30分	10時00分〜10時40分
構成	10時30分〜10時35分	10時40分〜10時50分
下書き	10時35分〜10時45分	する余裕なし
清書	10時45分〜11時25分	10時50分〜11時28分
推敲	11時25分〜11時30分	11時28分〜11時30分

3 小論文の力はこうしてつける

小論文を苦手だと思っている君。君が書けずにいる理由は二つある。

第一に、小論文とは何かを知らず、書き方の基本を身につけていないこと。もう一つは、書く内容を持っていないこと。小論文は、書き方を知り、それと同時に、必要な知識を身につけてこそ、すらすらと書けるようになる。

書き方のマスターと知識の蓄え、これが小論文攻略の二本柱だと言っていい。

だが、書き方については、てっとり早く、自分の大学と同じ傾向のものだけ勉

▼書き方のマスターと知識の蓄え、これが小論文攻略の二本柱だと言っていい。

強しようと思わずに、本書をきちんと基本から読んで、指示を守りながら実際に小論文を数回書けば、それでいい。意外と早く、マスターできるはずだ。私の指導経験では、適切な助言を受けて三回ほど書けば、ほとんどの人はできるようになる。

むしろ、いつまでも書けるようにならない人は、知識に問題がある。知識不足で、社会に目を向ける癖がついていないために視野の狭い、幼稚な文章になってしまう。だが、それを克服するのもそれほど難しいことではない。

では、その方法をいくつか伝授しよう。

(1) 呪文《じゅもん》の言葉は「韓国で今日、福神漬《ふくじんづけ》を買《こ》うたか」

推薦小論文に必要な社会的な視野を身につける簡単な方法がある。

まず、環境汚染、国際化、教育、福祉、人権、高齢化社会、科学技術についての知識を蓄えておく。そして、何が話題になっていても、こうした問題との関係を考えてみるのだ。世の中のほとんどのことがこれらの問題と関係を持っているので、話題が何であろうと、必ず接点がある。しかも、視野が広がり、知的になる。

たとえば、お年寄りの話が出ている。そうしたら、「高齢化社会」や「福祉」の

▼「韓国で今日、福神漬《ふくじんづけ》を買《こ》うたか」に関連づけてみよう。
お年寄りの話
↓
「高齢化社会」
「福祉」
女性は顔が大事
↓
「人権」

問題としてとらえてみる。女性は顔が大事だという話だったら、「人権」と関連づけてみる。そうすると、必然的に社会的視野が得られる。

しかも、**実際の小論文試験では、これらの問題がよく出る。よく出るどころか、それがほとんどだと言っていい。**一見、そうは見えなくても、これらの問題にかかわっていることが多い。したがって本番でも、同じ調子でやれば、合格確実。だから、ふだんからの訓練は、本番の練習にもなる。

ともかく、何かが問題になっていたら、環境汚染、国際化、教育、福祉、人権、高齢化社会、科学技術と関連はないかと考えてみるわけだ。「カンキョウ」「コクサイカ」「キョウイク」「フクシ」「ジンケン」「コウレイカシャカイ」「カガクギジュツ」という言葉を覚えるのがたいへんだと思ったら、いい覚え方がある。

それぞれの言葉の最初だけをとって、「カン・コク・キョウ・フク・ジン・コウ・カ」と覚えるといい。それに少しだけ言葉をつけ加えて覚えやすくすると、「カンコクで、キョウ、フクジンづけをコウたカ」、つまり「韓国で今日、福神漬を買《こ》うたか」になる。

(2) ネタはテレビでも十分集まる

小論文を書くには「天声人語」を読め、新聞を読め、とよく言われる。

▼「韓国で今日、福神漬を買《こ》うたか」が社会的視野を広げる魔法の呪文《じゅもん》だ。

もちろんそれは間違いではない。読むにこしたことはない。だが、おもしろくもないものを必死になって読む必要はさらさらない。

手始めに、テレビの報道番組を見たらどうだろう。ＮＨＫの番組がつまらないと思うのなら、民放の「報道ステーション」や「ニュース23」などの番組はどうだろう。これなら絶対におもしろいはずだ。私の教え子にも、初めは勉強のつもりで見始めて、すぐに大ファンになった生徒がたくさんいる。そんな時間はないというなら、土、日の朝の報道ショーでもいい。

ノートを取る必要はない。まずは楽しんで見ればいい。ともかく、おもしろいと思うことが大切。**楽しみながら半年も見ていれば、知らず知らずのうちに力がつく。**だが、もちろん前に説明した**「韓国で今日、福神漬を買《こ》うたか」**に気をつけながら見ていれば、もっと力がつく。

▼ちなみに、見られない地域があるかも？

(3) 新聞は投書欄だけでもいい

新聞は時間がなければ、投書欄だけでも読むといい。受験生は時間がない。本や雑誌を読んでいる暇はないかもしれない。だが、新聞の投書欄くらいは毎日読めるはず。

投書欄にざっと目を通すだけで、今、世の中で何が問題になっているかが理解できる。文章の書き方の勉強にもなる。新聞のエッセンスが投書欄にある。毎日、朝起きたら新聞の投書欄に目を通して、頭の体操をするのはどうだろう。半年間、これを読み続けるだけでも、小論文に必要な知識と文章力は養成できる。もちろん、これに関しても、「韓国で今日、福神漬を買《こ》うたか」に気をつけていれば、なおいい。

(4) 「韓国で今日、福神漬を買《こ》うたか」でネタを仕入れろ

一般小論文の場合はどんな問題が出るかわからないので、たくさんの本を読むことが要求されるが、推薦小論文の場合、出る問題は限られている。

はっきり言って、「韓国で……」さえしっかりと把握しておけば、ほぼ大丈夫。もちろん、「環境」「国際化」「教育」「福祉」「人権」「高齢化社会」「科学技術」の

▼新聞のエッセンスが投書欄にある。

すべてをまんべんなく詳しく知っておく必要はない。**一つ二つ得意分野を持っておいて、あとは、カタログ的な知識だけでも十分。**したがって、まず、もっとも**関心のある問題について、一冊読んでおけばいい。**だが、もちろん時間的余裕があれば、あと何冊か読んでおくにこしたことはない。

(5) 志望学部用の本も最低一冊読んでおく

ところで、**もう一冊、志望学部に特有の問題を整理するために、本を読んでおくことを勧める。**幼児教育科なら幼児教育の問題、経済学部なら現在の日本の繁栄についての問題など、学部特有の問題がある。そうした問題を整理しておかないと、本番でトンチンカンなことを書いてしまうおそれがある。

巻末に読むべき本を挙げておくが、体育系、芸術系など、特殊な学部・学科を受験する人は自分で書店に足を運んで選び、必ず読んでおくこと。

▼「韓国で……」用に一冊、志望学部用に一冊、最低二冊の本を読んでおこう。

▼そのほかの問題については、『朝日キーワード』『データパル』などの現代用語集で整理しておくこと。

第2章

合格するための
小論文対策

『小論文型』に取りかかる前に

1 イエスかノーかを答えるのが『小論文型』

前に説明したように、推薦小論文やAO入試小論文には、「小論文」と「作文」が入り交じっている。この二つはまったく別のものと考えたほうがいい。

では、どう違うか。ひと言で言えば、**ある命題に対してイエスかノーかを答えるのが、『小論文型』**と思えば間違いない。

たとえば、「学歴社会」という題を出すと、君たちのほとんどが、学歴がないために苦労しながら懸命に生きた人の話をするが、それは『作文型』。『小論文型』

▼ある命題に対してイエスかノーかを答えるのが『小論文型』と思えば間違いない。

だったら、日本は学歴社会か、学歴社会は好ましいか、日本経済の発展は学歴社会のおかげなのか、などの問題を立てて、それについてイエスかノーかを論じなくてはいけない。

そして、イエスかノーかを判断しながら、なぜそう考えるかという理由を述べなくてはいけない。

良い小論文の条件とは、

① イエス・ノーの結論がはっきり下されている。
② イエス・ノーの理由に説得力がある。
③ 広い視野を持って、深いところにまで踏み込んで判断を下している。

という三点を満たしたものだと言っていいだろう。

君たちもイエス・ノーになっていない「論文」や「小論文」を読んだことがあるだろうし、そのままではイエス・ノーでは答えにくい問題がたくさんあるのも事実だ。だが、よく読めば、論文の基本がイエス・ノーだということがわかるはずだ。論文であるかぎり、必ずイエス・ノーを基本にして、それをもっと複雑に組み立てている。

つまり、**設問に対してはっきりとイエスかノーかで答えるのが小論文の基本なのだ。**それに、基本型で書くほうがコンスタントに実力を発揮できる。あとで述べるような方法で、設問をイエスかノーかで答えられるように都合のいい形に改めるべきだ。

2 小論文には『型』がある！

今も言ったように、『小論文型』とは、ある命題が正しいか正しくないかを検証するものだ。つまり、何を書くかはほぼ決まっている。そのため、最初に何を書き、次に何を書いて、最後にどうするかという形式もほぼ決まっている。

『小論文型』はとっぴな形式で書くわけにはいかない。たとえば、有名評論家の書いた論文なども、一見、とっぴな形式で書かれているように見えても、必ず、基本的な『型』を踏まえているもの。表面だけまねてもろくなことにはならない。最終的に『型』を崩すのはいいが、まずは、あとに説明する**『型』のマスターに力を注ぐ**のが、結局は早道だ。

▼**設問に対してイエスかノーかで答えるのが小論文の基本だ。**

▼**小論文型の『型』をマスターすることが、小論文上達の早道だ。**

テーマ小論文の対策

前に説明したように、実際の小論文試験問題では課題文について論じるという課題文つき小論文がほとんどだ。だが、テーマ小論文（題を与えられて、それについて書くよう求められるもの）こそ小論文の基本であって、課題文つき小論文は、その応用なのだ。

つまり、まず基本型を学ぶことが小論文上達の道なのだ。たとえ、自分の受験する大学にテーマ小論文が出されなくても、ゆめゆめ、この勉強を怠ってはならない。

▼テーマ小論文こそ小論文の基本。課題文つき小論文はその応用にすぎないのだ。

◆テーマ小論文の種類

①　抽象的な事柄を一つだけ挙げるもの
「最近のことばの乱れについて」（鶴見短大・国文）
「エネルギー多消費社会」（獨協大・経済）
「日本の高齢化社会について」（聖徳大・生活文化）
②　「AとB」というように、二つの名詞を並べたもの
「健康と食生活」（戸板女子短大・食物栄養）
「IT革命と人類の未来」（日本大・国際関係）
③　「Aは正しいか」というように、具体的に論じる内容を規定するもの
「携帯電話の流行について、流行した理由、その長所と短所について、あなたはどのように考えるかを八〇〇字以内でまとめなさい」（敬和大・人文）
「今日の社会で最も重要な福祉問題をとりあげ、これからの社会福祉をどのようにすればよいかを、考えなさい」（立正大・社会福祉）

では、そろそろ演習問題を始めるとしよう。

演習問題1

解答例70ページ

科学技術はどうあるべきか、六〇〇字以内であなたの意見を書きなさい。

1 視野を広く

テーマを与えられたら、まずできるだけ視野を広く持って考えなくてはいけない。

「科学技術」という言葉から「機械」のことだけを思い浮かべて、「便利になった」「あわただしくなった」と書いたのでは、視野が狭すぎる。「科学」や「理科」が苦手な人も、女子に特に多そうだが、初めから逃げ腰にならずにじっくり考えてみてほしい。

現在のわれわれを取り囲むものはすべてが科学技術と言ってもいい。日本人は科学技術で作られたものを食べ、科学技術で作られたものを着て、科学技術で作られた家に住んでいる。日常の情報もテレビなどの科学技術による製品で手に入

▼テーマを与えられたら、できるだけ視野を広く持って考えなくてはいけない。

れる。医学も兵器も科学技術の成果にほかならない。コンピューターももちろん科学技術。現代生活は科学技術なしでは成り立たない。戦争や環境汚染、臓器移植などの医学問題、高齢化社会の問題も科学技術の問題と考えられる。

そのことを理解したうえで書かなくてはいけない。そして、推薦小論文の場合、そのことを理解して、主張を論理的に展開できていれば、十分に合格点に達する。

2 できるだけイエス・ノー方式に持ち込んで片づける

どんな問題でも、イエスかノーかを尋ねる形式にして書くのが、『小論文型』を制するコツだ。設問が「Aについて」「Aについて意見を述べなさい」「Aはなぜか」「Aのあるべき姿について考えを書きなさい」「AとB」となっているとき、そのまま書くと、だらだらとした、焦点の定まらない文章になってしまう。

そこで、こんな場合は、「Aは正しいか」「Aは望ましいか」「Aは……か」といった、**直接的にイエスかノーかを聞く形式の設問に、自分で変えてしまう**わけだ。

「科学技術」という設問の場合、科学技術の状況について知識を並べたり、「科学技術の発達は人間の幸せのためでなくてはならない」といったありふれたきれいごとを書きたてたりしないで、「これ以上科学技術を進めるべきか」「科学技術

▼「Aは正しいか」「Aは望ましいか」「Aは……か」といったイエス・ノーを聞く設問に自分で考えるべし。

と人間の調和は可能か」「コンピューターをもっと開発すべきか」といった具体的にイエスかノーかを尋ねる問題を自分で立てて、それを答えるわけだ。

そうすることによって、主題を絞り込み、論理展開を深めることができる。しかも、いつも一定の「型」に持ち込むことができる。

解答例では、「科学技術がこのまま進歩することは人間にとって好ましいか」という問題を論じているので、確かめてみてほしい。(解答例70ページ)

なお、どうしてもイエス・ノー方式に持ち込めないときには、「科学技術はどうあるべきだろうか」というような問題提起でもかまわないが、その際は**論点がずれやすいので注意が必要**。

イエス・ノーへの持ち込み方

(1) イエス・ノーへ持ち込むには、最初に思いつくアイデアを使うのが原則

たとえば、「科学技術」という問題を出された場合、君たちはみんな、「科学技術はこれ以上必要ない」「科学技術と人間の調和をはかるべきだ」という意見を思い出すに違いない。こうした意見についてイエスかノーかを論じる。

つまり、**まっさきに思いつく意見を自分の考えとして言うと、ありふれて底の**

浅い文章になってしまう。しかし、だからこそ、**それをイエスかノーかを検証するための問題として使って、もっと論を掘り下げる**わけだ。そうすれば、たとえイエスの立場で書くにしても、論が深まり、鋭い小論文になる。

たとえば、「科学技術はもうこれ以上発達させる必要はないという意見があるが、どうか」「人間と科学技術の調和をはかるべきだと言われるが、それは可能か」といった問題を作るわけだ。

だが、取り上げた意見が本質と結びつかないものだったり、幼稚な俗説だったり、過激な意見だったりすると、そのあとどんなにうまく書いても、良い小論文にはならない。

たとえば、「科学技術」で、「アメリカと日本のどちらが進んでいるか」とか、「科学技術を禁止すべきだ」などという問題では、幼稚さをさらけ出すだけ。

要するに、良識的で、十分うなずける問題を立てることが、論をうまく展開するためのコツなのだ。

(2) もう一つのイエス・ノーの選び方

どうしても、(1)の方法でうまい問題を見つけられなかったら、**「科学技術とA」**というように、Aの中に任意の言葉を入れて、関係を考えてみるとうまくいく。

▼最初に思いついたアイデアはありふれているからこそ、イエス・ノーと言いやすいし、論理を展開しやすい。

▼「科学技術とA」というように、Aの中に任意の言葉を入れて、関係を考えてみる。

科学技術とAの応用例

- 科学技術と山
- 科学技術と人
- 科学技術と社会
- 科学技術と金
- 科学技術と民主主義
- 科学技術と生活
- 科学技術と自由
- 科学技術と大学

「科学技術と自由」から、「科学技術が進歩しすぎたために、コンピュータなどに人間が支配されて、自由がなくなっている」という意見を思い出すだろう。「科学技術と民主主義」から、「科学技術が発達したからこそ、民主主義が定着したのであって、もし、機械がなかったら、今でも奴隷のように重労働をしている人がいるだろう」といった論点も見つかるはずだ。

ただし、無理に結びつけて個性的にしようとすると、**強引になりすぎることがあるので注意。**

3 メモなしに小論文はありえない

メモとは、論理的で深みのある小論文を書くには不可欠の作業だ。メモを取らなければ、論も深まらず、まとまりのある小論文もできない。メモをおろそかに考えないこと。

(1) イエス・ノー方式への転換をまずメモに

課題がわかったらすぐに、どんなイエス・ノー方式に転換するかをメモに取る。できるだけたくさんの形を考えて、そのうちいちばん書きやすくて鋭いものを選ぶ。書けそうなものを見つけたら、次に説明するような手順で深めてみる。考えるうちに、実際に書くのは難しいと気がつくかもしれない。もっといいものを思いつくかもしれない。そんなときには、時間がゆるせば、考え直す。だが、**一定の時間を過ぎたら、もう態度は変えないほうが賢明。**

(2) イエス・ノーの立場はすぐに決めるな

たとえその問題についての態度がはっきり決まっていても、すぐにその立場からだけ考えずに、**反対意見も必ず考える。**

▼メモとは、論理的で深みのある小論文を書くには不可欠の作業だ。

「科学技術をあまり発展させるべきではない」とふだんから思っていたとしても、あわててふだん思っていることを書き連ねても、底の浅い、一方的な文章しかできない。科学技術のプラス面も考えてみる必要がある。たとえば、「科学技術が進むと今問題になっている公害なども解決できるのではないか」「科学技術のおかげで、今の民主的な政治があるのではないか」といったことも考えてみる。もし、いつもとは逆の意見に鋭い論拠を見つけたら、その方向から書いてもいい。見つけられなかったにしても、反対意見に目配りしたことで、論に幅ができて、視野の広い文章になる。

(3) 「韓国で今日、福神漬を買《こ》うたか」で視野を広めろ

君たちの書く文章はどうしても社会性のない視野の狭いものになる。それを防ぐのにいちばん良いのは、例の「韓国で今日、福神漬を買《こ》うたか」で検証してみること。つまり、「環境」「国際化」「教育」「福祉」「人権」「高齢化社会」「科学技術」について、知っている知識と結びつけてみるわけだ。

この場合は、問題が「科学技術」なので、そのものずばりだが、こんなときも、ほかの要素（「環境」「国際化」「教育」「福祉」「人権」「高齢化社会」）と結びつけると一味違った文章になる。

▼反対意見に目配りすることで、論に幅ができて、視野の広い文章になる。

たとえば、「環境」と結びつけて、フロンによる環境汚染の問題を取り上げてもいいし、「国際化」と結びつけて、コンピューターによる情報交換で国際的な相互理解が可能なことを論じてもいい。

(4) 3WHAT・3W・1Hで論を深めろ

「おおまかな論の筋道はできた。だが、少しもの足りない。ありふれているし、ちょっと幼稚すぎる気がする」と自分で感じたときに勧めるのが3WHAT・3W・1Hだ。

文章は、5W・1H、すなわちWHEN(いつ)、WHO(だれが)、WHERE(どこで)、WHY(なぜ)、WHAT(何を)、HOW(どのように)を考えて書けと言われている。「作文型」のときにはそれでいい。だが、奥の深い小論文を書こうとするのなら、それでは通用しない。「小論文型」で考えるべきなのは、3WHAT・3W・1Hだ。

3WHAT

WHAT＝それは何か?(定義)

▼フロン……クロロフルオロカーボンに対する通称。スプレーや半導体製品の洗浄などに使用。オゾン層破壊のため現在問題になっている。

▼重要なのは3WHAT・3W・1Hである。

WHAT＝何が起こっているか？（現象）
WHAT＝何がその結果起こるのか？（結果）

3W

WHY＝それはなぜか？（理由・背景）
WHEN＝いつからそうなのか？／それ以前はどうか？（歴史的経過）
WHERE＝どこでそうなのか？／他の場所ではどうなのか？（地理的状況）

1H

HOW＝どうやればいいか？（対策）

「科学技術」が問題なら、**科学技術とは何か、科学技術と呼ばれるものにどのようなものがあるか**（定義）を考える。そして、**現在、どのような状況が起こっているか**（現象）を、医学、バイオテクノロジー、核兵器、コンピューターなどのさまざまな分野で考えてみる。**そのプラス面とマイナス面は何か。このまま科学技術が進んでいくとどうなるか**（結果）も忘れずに考える。

ここまでで気に入った考えを見つけ出したのならともかく、そうでなければ、

▼バイオテクノロジー……生物学（バイオロジー）と技術（テクノロジー）の合成造語。遺伝子組み替え、細胞融合などの技術の総称。

もっと掘り下げて考えてみる。なぜ科学技術が問題視されてきたのか（理由、背景）、いつから科学技術が問題になってきたのか、それ以前はどうだったのか（歴史的経過）、日本以外の国ではどうか（地理的状況）を考える。科学技術をもっと好ましいものにするにはどのようにすればいいのか（対策）も考えてみる。

こう考えていくと、科学技術が人間の手に負えなくなったために問題視され始めていること、特に核兵器が発明された時期からそれが激しくなったことがわかってくるはずだ。

ただし、これらの３ＷＨＡＴ・３Ｗ・１Ｈをすべて、表にして完成させる必要はまったくない。また、推薦小論文の場合は、無理をして個性的にする必要もない。ある程度のアイデアを見つけたら、その時点でこの作業は打ち切っていい。大切なことは、３ＷＨＡＴ・３Ｗ・１Ｈを、論理的な文章を作るために、自分の考えを掘り下げ、整理するための手段として活用してほしいということだ。

４ 構成とは『型』に当てはめること

メモが終わったら、次に構成に移る。未整理な状態にあるアイデアを、読み手にはっきり伝わるように、きちんとまとめていくのが構成という作業。いくら良

▼３ＷＨＡＴ・３Ｗ・１Ｈをすべて表に完成させる必要はない！　いいアイデアが見つかったら、作業中止。

いアイデアがあっても、構成しだいで、良くも悪くもなることを肝に銘じておかなくてはいけない。ところで、いちいち、今度はどんな構成にしようかと悩む人がいるが、そんな必要はない。前に説明したとおり、「小論文」には『型』がある。いつもその『型』に当てはめて書けばいい。**次の項目で説明する『型』に当てはめて構成すれば、自動的に小論文ができあがる。**

最終的には、『型』を崩してもいいが、まずは『型』をマスターすること。そうしないと、何かの間違いでいい小論文ができても、いつもいいものを書けるとは限らない。『型』をマスターしてこそ、コンスタントに力を発揮できる。

うまく構成するコツ

(1) 焦点を絞れ

構成をするときは、**羅列にならないように気をつけなくてはいけない。**

イエスとノーの二つの立場を並べて、「一方の側に立てばこんなことが言える。だが、もう一方の側に立てばこうも言える」というようなイエスかノーかはっきりしないタイプの文章は最悪。

▼『型』をマスターしてこそ、コンスタントに力を発揮できる。

▼イエスかノーかはっきりしないタイプの文章は最悪。

また、イエスかノーかはっきりしていても、「今、AやBやCやDやEが問題になっている。だから、私は科学技術の発達をコントロールすべきだと思う」あるいは「私は、科学技術の発達をコントロールすべきだと思う。その理由は、AとBとCとDとEだ」というような文章も感心しない。

小論文の字数は少ない。たかだか六〇〇字や八〇〇字で難しい問題を論じなくてはいけない。あれもこれも言っている余裕はない。焦点が定まっていなければ、いったい何が言いたいのかを読む人に伝えることもできない。羅列するのは、字数が余ってしまったときの苦しまぎれのときだけにとどめるべきだ。

メモの段階で3WHAT・3W・1Hに基づいて、いくつものアイデアを並べたにしても、**実際に書くときはできるだけ焦点をはっきりさせて、不要なものは捨ててしまう。**それが、良い小論文構成のコツだ。

(2) 箇条書きにして、それぞれの段落で書くことをまとめておく

君たちの文章でいちばん多いのが、書いているうちに、イエスかノーかも曖昧《あいまい》になり、どんどん論点がずれていく文章。これは構成の失敗によるものであって、どこで、どのようなことを書くかを、はっきり決めずに書き出すことに原因がある。

▼焦点をはっきりさせて、不要なものは捨ててしまう。それが良い小論文構成のコツだ。

それを防ぐために、それぞれの段落で書くことを前もって箇条書きにしておくといい。そして、実際に書くときには、それに説明や具体例を加えて肉づけしていく。そして、それからあまり外れたことは書かないように気をつける（箇条書きの仕方については、59〜60ページに例を示す）。

5 『型』を頭に入れておけ

『小論文型』は**四部構成が原則**。**字数が一〇〇〇字を超す場合を除いて、**一つの段落を一つの部分に当てはめていけば、**段落も四つでいい。**ただし、字数が多いときには、第二部や第三部を二つの段落にして、五つまたは六つの段落にする。

第一部　問題提起

設問の問題点を整理して、これから述べようとする内容へ主題を導いていく部分で、分量は全体の約二十パーセントを目安にするとよい。

もし、課題がイエス・ノー型になっていないときには、この部分でイエス・ノー

▼箇条書きに説明や具体例を加えて肉づけしていく。

型に転換する。また、課題に曖昧《あいまい》な言葉が交じっているときには、**ここで定義しておく必要がある。**

たとえば、「科学技術」が問題のときは、「科学技術とは何か（あるいは、科学技術にはどのようなものがあるか）」を述べながら、現代の科学技術の状況などを語って、「科学技術の発達に歯止めをかけるべきか」「科学技術は人間の幸福につながっているか」などの形にしてイエスかノーかを導く設問を自分で作る。

第二部　意見提示

問題となっている事柄の現在の状況を正しく把握し、イエスとノーのどちらの立場を取るかの判断を下す。全体の三十から四十パーセントが目安。

「科学技術は人間の幸福につながっているか」を論じるのなら、現在の科学技術がどのような状況にあるかを示したうえで、それが人間にとって好ましいことかどうかの判断を下す。

また、ここで、反対意見に対しても目配りして、**反対意見の言い分なども考慮しておく**と、視野の広い小論文になって、一方的で感情的な文章になるのを防ぐ

▼問題提起の部分でイエス・ノー型に転換。

ことができる。簡単に言えば、ここは3WHAT・3W・1Hのうち、「現象＝何が起こっているか」を主として書く場所なのだ。

なお、いちばん書きたいことは次の部分に書くので、ここではくれぐれも書きすぎないように注意。ここで書きすぎてしまうと、次に書くことがなくなって、しり切れとんぼになってしまう。

第三部　展開

小論文のヤマ場。全体の三十から四十パーセントが目安。

第二部「意見提示」で書いた立場から、なぜそう考えるのかという理由を裏付けて、読み手を納得させるのが正統的な書き方。問題となっている事柄の**背景、原因、歴史的経過、結果、対策などのうちの一つを書く。**

「科学技術は人間の幸福につながっているか」を論じて、「つながっていない」という立場で書くのであれば、

●**なぜ科学技術が人間に不幸をもたらすのか？**

▼第二部で書きすぎてしまうと、第三部がしり切れとんぼになってしまう。

●科学技術のどんな面が人間に不幸をもたらすのか？
●いつからそうなったのか？
●人間の幸福のために科学技術を用いるにはどうすればいいのか？
●どのような場面で科学技術が人間を苦しめているか？
●またそのような場面を体験（あるいは見聞）したか？

といったことを書く。

しかし、掘り下げて書くには、ふだんからある程度の知識が必要なので、それができないときには、具体例を挙げて、自分の考えを補強するのもいい。

ともあれ、ここが中心部なので、いちばん言いたいことがここで語られなくてはいけない。そのためには、**始める前にこの部分に書くことを考えて、それを引き立たせるように第一部、第二部を構成する**といい。

たとえば、「科学技術の中でもっとも非人間的なのは核兵器だ」と思いついたら、第二部では、「科学技術は、たとえば医学など、人間の生命を延ばすという利点はあるが、その反対の面もあるのだ」とにおわせておいて、この第三部で「核兵器」を持ち出すと効果的になる。

▼第三部でいちばん書きたいことを書く。そのため、第三部を引き立たせるように一部、二部を構成する。

第四部　結論

もう一度全体を整理し、イエスかノーかをはっきり述べる部分。全体の十パーセント以下でいい。

「これからも、科学技術について考えていきたい」とか「老人を大切にしようと思う」といった**努力目標はいらない**。このような小学生の作文ふうの努力目標は幼稚さを引き立たせる役にしか立たない。**余韻を持たせるような締めくくりの文も不要**。イエスかノーか、もう一度的確にまとめるだけでいい。

「科学技術」という課題による小論文の構成例を挙げてみる。実際に構成する場合も、このように箇条書きにすることを勧める。

●問題提起　近年、科学技術の進歩が問題にされ始めた。

●意見提示　確かに、科学技術はさまざまな有益なものを人類にもたらした。だが最近では、核兵器をはじめ、高度になりすぎて、科

▼小学生の作文ふうの努力目標は幼稚さを引き立たせるのみ。

学技術が人間のコントロールをはるかに超えてしまった。

●展開

もし人間が、現代の科学技術の全体をコントロールするだけの知性を持っているのなら、科学技術はこれからも有益であり続けるだろう。だが、核兵器の問題一つ解決できずにいる人類には、そのような知性はない。

●結論

かつては有益だったが、これ以上の科学技術は有益ではない。

6 問題提起部での書き出しの得意技を作っておけ

構成の次は実際の文章作成に移る。

実際の試験では、下書きにあまり時間をとれないと思われるので、ぶっつけでも書けるように練習しておくことを勧める。下書きをしなければ気のすまない人は、どうしても時間切れになる傾向が強いので注意が必要だろう。ただ、メモと構成さえしっかりしていれば、ぶっつけで書くのはそれほど難しいことではない。

▼下書きにあまり時間はとれない。ぶっつけでも書けるように練習しておくこと。

前に説明したとおり、構成段階での箇条書きに説明や具体例を加えて、文字を埋めていけばいい。

最初の数行に迷って、いつまでたっても文章が出てこない人がよくいるので、無難な書き出しを挙げてみる。文章に自信のある人も参考にしてほしい。得意のパターンを一つ、二つ作っておけば、時間の節約になる。

書き出しの基本的なパターン

(1) 文字どおり、疑問文で始める

問題提起部は、基本的には、全体が疑問文の形をとる。そこで、もっとも基本に忠実な方法が、この疑問文で始めるパターン。

字数が少なすぎるという欠点があるが、これこそ基本なのだから、ほかに思いつかないときには、これで十分。

なお、イエスで答えたいとき、「……だろうか」という疑問文にすると、読み手に、「……ではない」と言おうとしていると思われてしまう。それが気になるときには、「……だろうか」のあとに、「それとも、……ではないのだろうか。そ

れについて考えてみたい」とすれば解決できる。

◆応用例

人間を破壊に追いやっているようにさえ見える科学技術であるが、本当に人間の幸福のためになっているのだろうか（それともなっていないのだろうか。それについて考えてみたい）。

(2) 客観的事実で始める

「最近の新聞報道では……」「……と言われるのを最近よく耳にする」といった新聞やテレビの報道、人の話などの客観的な事実で始める方法で、もっとも一般的。ややありふれているが、これで十分。

◆応用例

先日も、臓器移植の成功が報道されていた。今では、新聞やテレビでも騒がれなくなってしまったほど臓器の移植例は多いようだ。だが、移植技術を含む科学技術の発達が、果たして人間の幸福に役立っているのだろうか（そ

▼「……だろうか。それとも、……ではないのだろうか。それについて考えてみたい」

▼「最近の新聞報道では……」「……と言われるのを最近よく耳にする」

れとも役立っていないのだろうか。それについて考えてみたい）。

(3) 定義・分類で始める

「……とは、～である」「……には三種類ある」「AとBの違いは……にある」などの文で始める方法で、もっとも論文らしい正統法の書き出し。設問に定義のはっきりしない言葉が含まれている場合には、この書き出しがもっとも採点者に好まれる。

◆応用例

科学技術とは、人間が自然を改変するために用いる手段である。それには、医学や生物学、兵器、コンピューターなどの技術が含まれるが、近年、科学技術は人間に役立っていない印象を与えている。では、果たしてこれは人間の幸福に役立っているのだろうか（それとも役立っていないのだろうか。それについて考えてみたい）。

▼「……とは、～である」「……には三種類ある」「AとBの違いは……にある」

(4) 個人的体験で始める

自分の体験を語る方法で、個性的な書き出しになるが、へたをすると、『作文型』ふうになってしまう。小論文とは、本来、体験を語る場ではなく、主張を語る場だということを頭に入れておかなくてはいけない。したがって、体験は本論を導き出すための「前置き」のようなものであって、できるだけ短くて、わかりやすいものでなくてはいけない。

「……というようなことがあったが、そのとき、～を疑問に思った」というのが、もっとも書きやすいパターン。

多少嘘《うそ》が混じっても、話を単純にしてもいい。聞いた話を自分の体験談にしてもいい。できるだけ採点者の好奇心をそそるような設定を作るほうがいいだろう。

◆応用例

祖父母の住む近畿地方の村に最近、原子力発電所ができた。私は、昨年の夏休み、いつものように祖父の家に行ったが、道路は整備され、いくつもの施設が建設されていた。しかし、山を切り開いてできた発電所を見ると、恐怖を覚えると同時に、果たして、このような科学技術の発達が人間の幸福に

▼体験は本論を導き出す「前置き」であり、できるだけ短く、わかりやすく。

▼「……というようなことがあったが、そのとき、～を疑問に思った」

つながるのかどうか、疑問を感じ始めた。

(5) 結論で始める

「私は、……にイエス（あるいはノー）である」というふうに、初めに結論を言ってしまう方法。焦点が定まりやすいし、明確に論を進めやすいという利点があるが、結論を先に言ってしまうために、あとで書くことがなくなって、マス目を埋めるのに苦労するおそれがある。文章を書くのに自信がある人は使いこなせるが、そうでない人はやめたほうが無難。

なお、この書き出しを使うときには、イエスかノーかの問いを前面に出す必要はない。結論を初めに言うことで、読み手に対して、何についてイエス（あるいはノー）を言おうとしているのかわからせているので、問題提起の代わりになる。

◆応用例

私は、科学技術をコントロールすべき時にきていると考える。このままでは、科学技術は人間を滅ぼすと思われるからである。

▼「私は……にイエス（あるいはノー）である」

▼結論から始める方法は文章に自信のない人は避けるべし。

7 意見提示部は「確かに」で始めると視野の広さをアピールできる

前にも言ったように、ここで書きすぎると途中で書けなくなってしまうので、ここでは、問題となっているものごとについての知識と視野の広さを見せておくことに力を注ぐつもりでいい。また、小論文では、ふつう羅列は避けるべきなのだが、この部分では、あまり重要でない論点をいくつか並べることも許される。

意見提示書き出しのパターン

意見提示部は、基本的には、**「確かに……」で始めて、反対意見の論拠を述べ、「しかし」で切り返して、自分の考えを言う**形が望ましい。こうすることによって、視野が広がり、一方的な論理展開をしなくなる。それにかなり字数を稼げる。

いつもいつも「確かに、……だ。しかし〜」では、変わりばえがしないという人、あるいは、「型どおり」と思われたくない人は、**「……という考えも成り立つかもしれない。しかし〜」「一般には……と言われている。しかし〜」「……と考える人もいるかもしれない。しかし〜」**という形を使うこともできる。

ただし気をつけねばならないのは、「確かに」のあとに、あまり説得力のある

▼意見提示部で書きすぎると途中で書けなくなるので要注意。

▼「確かに、……だ。しかし〜」
「……という考えも成り立つかもしれない。しかし、〜」
「一般には……と言われている。しかし〜」
「……と考える人もいるかもしれない。しかし〜」

論拠を書かないこと。説得力がありすぎると本当の自分の意見が弱まってしまう。

　書いているうちに、反対意見のほうをもっともだと思い始めて、途中で考えを変える人がときどきいるが、これは**絶対よくない**。意見を変えるのなら、初めから書き直す必要がある。そうでなければ、もう書き直してはならない。

◆応用例

確かに、科学技術は、これまでにたくさんの貢献を人間に対してしてきた。医学が発達したおかげで私たちは悲惨な病気から逃れ、長生きできるようになった。先端医療のおかげで、母親の胎内にいる子供の病気を治せると聞いたこともある。だが、技術が進みすぎたために、医学は、神に代わって人間の生命を支配するまでになったのではあるまいか。

8 展開部こそが小論文の命

　第二部（意見提示部）に書いたことを説明して、その正しさを証明するのが基本。どうしてもできない場合は、第二部と別のことを取り上げてもいいが、でき

▼「確かに」のあとに、あまり説得力のある論拠を書かないこと。ありすぎると、自分の意見が弱まってしまう。

るだけ、第二部の「原因・背景」「歴史的経過」「地理的条件」「結果」「対策」を掘り下げるか、第二部で書いたことの例を挙げることが望ましい。

繰り返すが、この第三部（展開部）に何を書くかを先に決めておいて、それを引き立たせるように第二部を作るほうが書きやすい。

展開部書き出しのパターン

①……については以上のとおりだが、ではその結果どんなことが起こるだろうか？
②では、その背景にはどのようなことが考えられるだろうか？
③ところで今、……が話題になっているが、それも同じ原因によると言えそうだ。
④そのことは、歴史的に見ても、裏付けできる。
⑤では、それを好ましいものにするにはどのような対策があるだろうか？

◆応用例
科学技術が人間の幸福につながらないことはこれまでの歴史を見ても裏付

▼第三部（展開部）に何を書くかを先に決めておいて、第二部を作るほうが書きやすい。

けできる。もし人間が、現代の科学技術の全体をコントロールするだけの知性を持っていたなら、これまでの数々の戦争は起こらなかっただろうし、いまだに社会的不公平がはびこっていることはなかっただろう。

9 結論部はできるだけ簡単に

先に述べたとおり、余計なことはいっさい書かず、ただイエスかノーかをまとめればそれでいい。基本的には、**「以上のように、科学技術には、利点があるにせよ、現在では弊害も多く現れている。したがって、私は現在の科学技術のあり方を好ましいとは思わない」**というような文でいい。

字数に余裕のあるときは、それにもう少し、前に述べたことの要約を加えてもいいが、余裕がなければ、もっと簡単に、**「このような理由から、私はこれ以上の科学技術の発達を望まない」**と書くだけでいい。

間違っても、余計なことを書いて、せっかくうまくいった論理展開をオジャンにしないように。余韻を残すつもりで、最後に、「これから先、科学技術を正しく用いるために、私たちに何ができるだろうか」などと書くと、新しい問題を立

▼結論部に余計なことを書いて、うまくいった論理展開をオジャンにしないこと。

てたことになってしまって、また、その新しい問題に対してイエス・ノーを答える必要にせまられることになる。そのうえ、最初に提示した問題に対して、イエス・ノーのどちらにせよ、それにそった論理を展開してきたのに、新たに問題を提示したのではこれまでの論理展開は無意味になってしまう。

解答例

最近、科学技術の進歩が問題にされ始めた。先進国の人間は科学技術によって作られたものを食べ、科学技術で作られたものを着て、科学技術で作られた家に住んでいる。科学技術がこのまま進歩することは人間にとって好ましいことなのだろうか。

確かに、科学技術はさまざまな有益なものを人類にもたらした。その中でももっとも有益なのは医学だろう。医学のおかげでわれわれは健康に長生きできるようになった。だが、最近では核兵器をはじめ、科学技術が高度になりすぎて人間のコントロールを離れてしまっているのではないだろうか。

もし、人間が現代の科学技術の全体をコントロールするだけの知性を持っているのなら、科学技術はこれからも有益であり続けるだろう。だが、そうでないことはこれまでの歴史が証明している。このままでは取り返しがつかなくなるとわかっていながら、愚かな核競争に夢中になっていたのが、戦後の国際政治だったのだ。そして、放置しておいたら、これからも、科学技術が進歩するにつれて、ほかにも人間のコントロールできない問題が出てくるだろう。

むやみな科学技術の進歩は人類には有益ではない。したがって、私は法律や政治による何らかの歯止めを考えるべきだと思う。（五三八字）

課題文のついた小論文の対策

実際の小論文試験でもっとも多いのが、**課題文が与えられて、それについての考えを問われる問題**だ。おそらく全体の八十パーセントを超えるだろう。課題文には、評論文が多いが、新聞記事、随筆、小説、詩が出題されることもある。

このタイプの問題には、「課題文を読んで自分の考えを書きなさい」という基本的な設問のほか、何も限定せずに、「感じたことを書きなさい」という設問のものや課題文の要約を要求するもの、「課題文に描かれる○○について論じなさい」といった条件のついているものなどさまざまな形がある。

また、課題文が一つではなく、二つ以上のものも増加傾向にある。二つ以上の

▼課題文のついた小論文問題が、出題全体の八十パーセントを超えるだろう。

ものは一般小論文では、近年、増加しているが、推薦小論文の場合は、それほど増えることはないだろう。

だが、課題文のついた小論文も、基本的にはテーマ小論文と変わらない。ただ、テーマのかわりに課題文がついているにすぎない。基礎力さえ養っておけば、**課題文をイエス・ノー型に転換して、テーマ小論文と同じ要領で書けばいい。**

演習問題2

解答例81ページ

次の文章を読んで、あなたが感じ、考えたことを書きなさい。提出用紙に、六〇〇字以上八〇〇字以内で記入すること。

よろしく

ひとつよろしく。

日々の暮らしで、この一言は重宝だ。言う方も聞く方も、何をどうしたいのかは、結構あいまいなままの場合が多い。それでも、たいてい物事はよろしく運ぶ。ふしぎなほどに。

▼課題文のついた小論文も基本的にテーマ小論文と変わらない。

以前、フランスで勤務していたころの経験を思い起こした。たとえば、コピー機の納入業者が顧客調査に来訪したとしよう。お茶でも出し、「後はよろしく」で済まそうとして、はたと困惑する。どっこい、相手がしつこいのである。なぜこの機種を選んだか。別種は検討したか。リース料はどれくらいが妥当と思うか。その理由は。将来の計画は……。質問責めが、延々と続く。これに限らず、出入りの業者や取材先とは、万事がこんな風だった。相手とのやりとりで、一点のあいまいさも許さない。さすがロゴス（言葉、論理）を尊ぶ国民性と、感心もした。けれども、心のどこかでファジー（あいまい）をよしとする一日本人として、母国の「よろしく」社会がなつかしく思い出されたことも確かだ。

米ジャーナリストのフリードマン氏が、近著で次のような指摘をしている。日本のガソリンスタンドでは、手袋をはめた従業員が笑顔で、窓ふきからオイル交換までしてくれる。米国では何もかも自分でする。料金は五対一。丸投げ、お任せの社会のあり方を見つめ直した方がよい。それだけはいえるだろう。

（朝日新聞の「窓」による）

（大東文化大・文―日本文学・公募制推薦入学試験）

1 課題文の主張を問題提起に

筆者の主張がわかりにくいときは、まず、その文章が何を問題にしているかを考えること。文中で繰り返し使われている言葉（キーワード）を考えるとわかる。そして、次に考えてほしいのは、**筆者がそのことに賛成しているのか反対しているのか**だ。まれに、賛成でも反対でもなく指摘しているだけということはあるが、多くの場合、賛成か反対のどちらかの態度を示している。

この文章は「後はよろしく」という態度を問題にしている。そして、「確かに、日本人としては、あいまいな態度がなつかしい。しかし、日本はいきすぎだ。あいまいな態度であるために、他人任せで、料金が高い」と語っているわけだ。ひと言で言えば、「日本人のあいまいな態度を改めるべきだ」と語っている。

課題文が読み取れたら、それを問題提起するのが原則だ。その主張が正しいかどうか、その指摘が好ましいかどうかを考えればよい。

要するに、**「要約しろ」という設問があってもなくても、課題文の要約から始めればいい。**初めにポイントを簡単に要約して、それについてイエスかノーかという形に持ち込むわけだ。つまり、第一部は「**筆者は……と述べているが、果たしてそれは正しいだろうか**」というのが基本となる。ただし、ていねいに要約し

▼「要約しろ」という設問があってもなくても、課題文の要約から始めればいい。

すぎると、むしろ焦点がぼやけるので注意。

この文章の場合、「後はよろしくというような日本人のあいまいな態度は良くないか」を問題提起すればよい。

2 もし反論できそうなときはノーと言ってみる

もし、簡単に反対の糸口がつかめれば、課題文には反対するほうが書きやすい。幼稚な反発だと仕方がないが、論理的に反対して、もっと高度な結論が出せれば、思考力や頭脳の鋭さをアピールできる。

文章の主題を読み取ったら、次に、もっと詳しく、**もっと批判的に読み返す必要がある**。どこか反論の糸口はないかと探すわけだ。

その場合、例の**3WHAT・3W・1Hを頭において読み返す**のが有効だ。

●あいまいな態度とは何か。（**定義**）
●あいまいな態度は、具体的にはどのようなところにあらわれているか。（**現象**）
●なぜ、日本人はあいまいな態度をとるのか。あいまいな態度は良くないと、

▼**文章の主題を読み取ったら、どこか反論の糸口はないかと探すこと。**

なぜ筆者は考えているのか。あいまいな態度の良いところはないか。**（理由・根拠）**

●あいまいな態度はいつ始まったのか、いつごろから、それが否定的に考えられるようになったのか。**（歴史的経過）**

●よその国ではどうか。欧米では本当にきっぱりした態度なのか。その悪い点はないか。**（地理的状況）**

そうすれば、筆者が見落としていたことや、わざと触れずにおいたことが見えてくることがある。

また、自分の得意の問題との接点を探すのも、糸口を見つけるのに役に立つことがある。

3 背景も考える

表面的なことを考えただけでは、論が浅くなってしまうことがある。

この課題の場合も、ただ単に「後はよろしく」というあいまいな態度についてだけ考えたのでは、ものたりない。この背景にあるのは、自己主張をはっきりし

▼文章の主題と自分の得意とする問題との接点を探せ。

ないで、ものごとをあいまいなままにする日本人の国民性だ。

日本人は自己主張しないと言われる。イエス、ノーをはっきり言わない。みんなと同じ態度をとる。人に頼って、自分で解決しようとしない。つまり、個人主義的意識が弱く、集団主義的だ。だから、「自分のことは自分でして、自分の行動の責任は自分で取る。自己主張する」という欧米の個人主義的な考え方と異なる。

他人任せということは、平和ということであり、相手を思いやるということでもある。その面ではよい点も多い。だが、他人任せということは、「自分のことは自分で決めて、他人に従属しない」という民主主義に反することになる。

それに、ここには、「みんないっしょ」という考えが基本にある。一人一人が違う存在だという考えが弱いために、他人任せにしてしまう。だから、日本人は個性がないと言われたり、画一的だと言われたりする。それに、みんなと違う個性の人がいると、みんなが煙たく思うことになる。だから、日本では個性的な人間が育たない。

そうしたことを知っていれば、かなり深い文章が書ける。知らないと浅くなる。したがって、まずは**知識を増やしておく**こと。『読むだけ小論文』（学研）など、本書の巻末に紹介している本を繰り返し読めば、小論文に必要な知識はかなり身につくはずだ。そして、そうした知識と課題文の接点はないかと考えてみる。そうすれば、論を深めることができる。

4 反論できないと思ったら、イエスで

とりわけ、推薦入試やＡＯ入試の小論文問題の場合、あまりひねった問題は出ない。したがって、反論するよりも、**賛成**することが求められていることが多い。したがって、反論を少し考えてみて、**しっかりした根拠が得られそうもなかったら、さっさと賛成論を考えるほうが賢い**。だが、その場合も、筆者の意見をそのままなぞるだけでは、優れた小論文にならない。

●筆者は……から見て語っているが、それと同じことが、別の面からも言える。
●筆者は挙げていないが、もっと別の例がある。
●筆者の言うとおりだが、その対策として、……がある。
●筆者の言うのはもっともだが、現実にはうまくいっていない。

というように、自分の意見を織り交ぜなくてはいけない。

この場合も、「日本人のあいまいな態度では民主主義社会にふさわしくない」などの補足をする必要がある。

また、例の「韓国で今日、福神漬けを買《こ》うたか」と結びつけると、オリジナルな視点を見つけられる。たとえば、日本人の態度を「国際化」と結びつけて、「これからは、国際社会になって、価値観の異なる外国の人に自分たちの考えをはっきりわかってもらわなければならないので、あいまいな態度ではいけない」などの論にできる。

5 課題文の主張がはっきりしないときは、イエス・ノーを自分で作る

特に文学部系の問題で、課題文がエッセイや小説などで、主張がはっきりしな

▼イエスの場合は、必ず自分の意見を入れて賛成の根拠を補足する。

いことがある。だが、これについても、基本はイエス・ノー型と同じ。論じる対象を自分で作ればいい。つまり、これは、**自分で課題文の問題を見つけるという問題の加わった試験であるわけだ。**

この種の課題文には、主張はないにしても**必ず伝えたいもの（メッセージ）か指摘はある。**メッセージや指摘のない文章などありえない。それらについて、それが正しいか、なぜ正しいか、原因・背景は、などを考えれば、小論文はできあがる。

たとえば、「現在は情報化時代だ」というようなことを語っている課題文の場合、主張がはっきりしないので、それについてイエス・ノーを論じるのは難しい。そこで、自分で、「情報化時代は人間にとって好ましいか」「必要な情報を見分けるにはどうすればいいか」といった問題を作って論じるわけだ。

解答例

課題文をまとめると、こうなる。「日本人は、後はよろしくという態度をとる。それはフランスなど一点のあいまいさも残さない態度と対照的だ。日本人としては、あいまいな態度がなつかしいが、日本はいきすぎだ。あいまいな態度であるために、**他人任せで、料金が高い**」と語っている。では、日本人のあいまいな態

▼文学部系で、課題文がエッセイや小説などで、主張がはっきりしないときは、論じる対象を自分で作る。

度を改めるべきだろうか。

確かに、あいまいな態度にも良い面がある。物事をはっきりしないために、争いが起こらない。和を大事にし、相手を思いやる。だから、仲良くできる。絶交したり、表だって対立したりしない。それが日本の長所と言えるだろう。だが、このような傾向は決して好ましいものではない。

民主主義社会というのは、国民が自分たちの行動を自分で決める社会のことだ。つまり、自分の責任で行動し、自分の行為を自分で決定することが基本になる。日本人は役所任せにして、自分たちで決定しようとしないと言われるが、そうしたことは、課題文で言われる態度と関係があるだろう。このような態度だから、日本人は、他人任せにし、役所や集団の言いなりになってしまうのだ。このような態度を続けているかぎり、日本が自分たちで議論をして、国民が自分たちの意志で合理的に社会を動かしていく社会にならないだろう。

以上述べたとおり、私は、筆者と同じように、日本人はあいまいな態度をやめるべきだと考える。(六〇五字)

資料（グラフや絵）のついた小論文の対策

数は少ないが、文章ではなく、グラフや絵などの読み取りが課せられる小論文問題がある。文章とグラフが入り交じっている場合もある。だが、あわてなくていい。こんな場合も対応は文章の場合と同じと考えていい。

つまり、文章の読み取りのかわりに、グラフなどの読み取りが課せられているだけのことなのだ。

▼資料のついた小論文は、文章の読み取りのかわりに、グラフなどの読み取りが課せられているだけのこと。

演習問題 3

解答例88ページ

次の四つのグラフを見て、あなたの考えを八〇〇字以内で述べなさい。

子どもたちの食行動調査

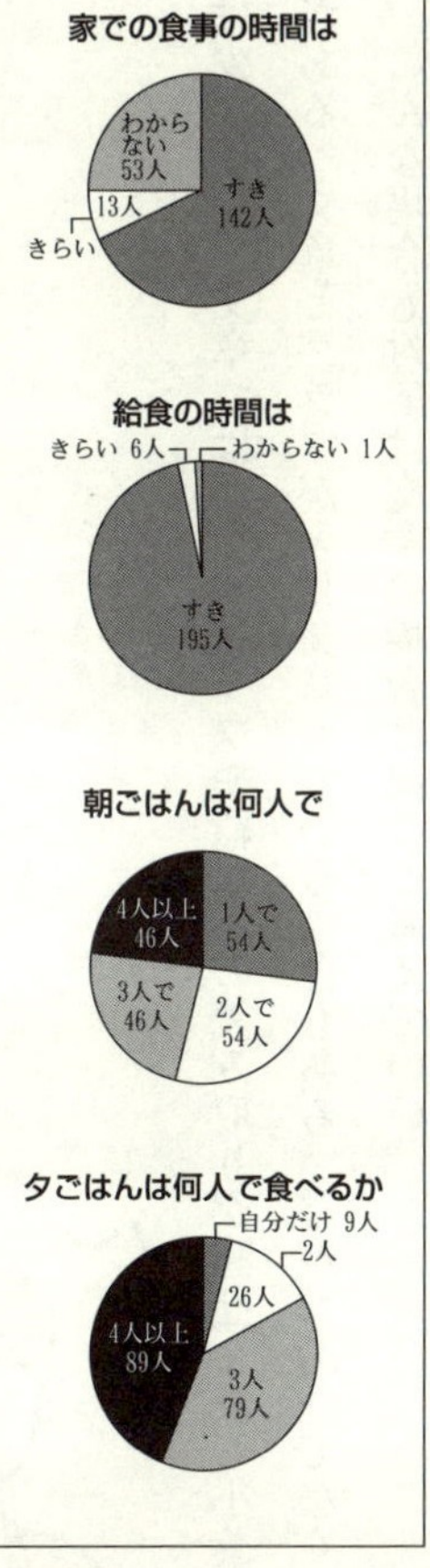

〔グラフは荒井育恵作成「子どもたちの食行動調査（塚越小学校一年生から三年生二〇八名対象）」による。〕

（出典：日本子どもを守る会編『子ども白書　2004』、草土文化　二〇〇四年八月一日）

（文教大・教育学部家庭専修　設問改変）

1 資料も何かを主張している

漠然と資料を見ていても何も出てこない。資料にも必ず主張がある。仮説を立て、それが本当に正しいかどうかを検証するようにしてグラフを読むと、グラフが表しているものが見えてくる。

たとえば、この問題では、上の二つのグラフと下の二つのグラフとで分けて考える必要がある。上の二つは、「家での食事と学校での給食のどちらが好きか」を示している。一方、下の二つは、「家での食事は何人で食べているか」を表わしているのだろう。

上の二つを見ると、家での食事を「すき」と答えている児童より、給食を「すき」と答えている児童のほうが多いことがわかる。下の二つによると、家での食事を一人か二人で食べるのが、朝ごはんで半分以上、夕ごはんでも五分の一近くになる。

食事そのものを嫌う子どもがいるとは思えないので、家での食事を「きらい」または「わからない」と言う子どもは、食事の時間が楽しくないのだろう。四つのグラフからは、学校で、クラスメートと大勢でわいわいと食べる給食に比べて、家で一人から三人くらいの少人数でとる食事を「楽しくない」と感じる子どもが少なくないことが想像される。

つまり、上の二つのグラフに表われている事柄の原因を、下の二つのグラフが示していると言えるわけだ。

この場合、知識があれば、「孤食」と呼ばれている問題があることに気づくだろう。近年、家族揃って食事をすることが少なくなり、家族一人一人がばらばらに食事をする家庭が増えた。そうして、一家団欒の習慣がなくなり、家族が一緒に食事をすることでコミュニケーションをとる機会がなくなった。このことが、とくに子どもの人間性の発育を妨げるのではないかという意見もある。そうした問題を、この四つのグラフは指し示していると言うことができるだろう。

こうして出てきた問題をメモに取って、3WHAT・3W1Hで掘り下げて、いつものように書けばいい。

2 まずは巨視的に

資料を読み取るとき、まずは**細かいところは無視して、際立ったところに目をつける。**細かいところにこだわっていては、大きな傾向がつかめない。だいたいの傾向が読み取れたら、そのあとで、もっと詳しく、細かい数字や、さまざまな

▼資料から読み取れる問題をメモに取って、3WHAT・3W・1Hで掘り下げること。

変化に目をやるわけだ。

この問題の場合だと、上の二つのグラフでは、「すき」の割合が、家での食事と給食とで違っていることがわかればいい。下の二つだと、「1人で」と「2人で」（つまり、両親＋子どもの核家族の最小人数未満）を合わせて考えて、それ以上の人数との対比を読み取れば十分。それ以上細かい数字に気をつける必要はない。

そこに気をつければ、グラフの意味がわかるはずだ。

3 資料の場合もイエスかノーかで

資料の場合も、文章の場合と変わらない。**常にイエスかノーかの形にして書けばいい。**第一部の問題提起の部分で、資料を読み取って、その資料の主張は正しいか、その資料から読み取れる現象は好ましいか、といった問題を立て、それについてイエスかノーかを論じる。

この問題の場合は、初めの三分の一ほどでグラフの読み取りをして、その後、そのような状況でよいのかどうかを問題提起するといいだろう。

解答例

上の二つのグラフから、家での食事を「すき」と答えている児童より、給食を「すき」と答えている児童のほうが多いことがわかる。下の二つによると、家での食事を一人か二人で食べるのが、朝ごはんで半分以上、夕ごはんでも六分の一になる。つまり、これらの資料は、学校でクラスメートと大勢でわいわいと食べる給食に比べて、家で一人から三人くらいの少人数でとる食事を「楽しくない」と感じる子どもが少なくないことを示していると言える。その背景には、近年、家族揃って食事をすることが少なくなり、家族一人一人がばらばらに食事をする家庭が増えたことが挙げられるだろう。では、このような状況は、はたして好ましいのだろうか。

確かに、家族揃って食事をすることが、よいことだとばかりは言い切れない。働いている親と子どもとでは、生活時間が異なる。それなのに、無理に食事の時間を合わせようとすると、かえってストレスになる恐れもある。しかし、子どもの教育を考えると、この状況をそのままにするべきではない。

食事の時間は、本来、単に栄養を取ることだけが目的ではない。子どもたちにとっては、家族と触れ合い、心を開いていろいろな話をする貴重な時間だ。子どもたちは、学校であった出来事や気になったこと、感じていることなどを話して、家族と親密にコミュニケーションをとろうとする。そうやって、子どもたちはコミュニケーションをすることの楽しみを覚え、家族の愛情を感じ、心を豊かにする。一人や二人で食事をすることが増え、そうしたコミュニケーションの機会が減ると、子どもは他者と親密にかかわることができず、社会性を身につけられなくなる恐れがある。

したがって、私は現在の状況は好ましくないと思う。子どものために、できるだけ家族揃って食事をする機会を増やすべきだ。（七四八字）

英文のついた小論文の対策

▼英文の問題も基本は同じ。英語の問題に小論文がつけ加えられただけだ。

課題文が英文の問題が出題される大学は多くない。そして、これも、基本は同じ。単に国語や英語の問題に小論文の問題がつけ加えられているだけと考えればいい。ただし、課題文が英文の場合、日本語の場合よりも論理的に書かれ、事実の説明があると、そのあと、その根拠が示されることが多い。そのため、順を追って読んでいけば、わからない単語があっても、前後関係から読み取れることが多い。

演習問題 4

解答例93ページ

設問　次の英文の要旨を日本語で記し、社会的な弱者に関して600字以内で論じなさい。

The classic bum used to be thought of as a middle-aged, alcoholic male. But now the make-up of the homeless has changed. Today there are many displaced families who can't afford housing. There are more women than before and many more young people. At least a third are mentally ill, released from institutions because it was thought that their conditions could be controlled by drugs.

Where do they stay? In the large cities, they often find shelter under freeway overpasses. Parks are popular in the warmer months, but afford little shelter when it gets colder. And, as in Japan, train and subway stations are havens, since they are cool in summer and warm in winter.

Charities and soup kitchens have been the traditional refuges of the homeless. One group that does an outstanding job in assisting them is the Salvation Army. Its volunteers are especially prominent during the Christmas season when they stand on city street corners, play music, and ask for public donations.

注　displaced：住まいから追い出された　overpass：陸橋
soup kitchen：無料食堂　the Salvation Army：救世軍
donations：寄付

（駒澤大・文―英米文）

課題文が英語の場合も、要領は日本語の場合と変わらない。英語の課題文を読み取って、イエス・ノー型にして書けばいい。

もちろん、原則として、英語力がなくて文章が読み取れなければ、小論文は書けない。合格は難しいと考えたほうがいい。だが、あきらめてはいけない。わかる部分だけでも読んで、そのキーワードについて、「テーマ小論文」のつもりで書いてみる。うまくすれば、たまたまカンが当たらないとも限らない。

しかし、もちろん、ヤマカンに頼るのはあくまでも邪道であって、英語力をつけることこそが、本来の道だということを忘れてはいけない。

なお、この問題の場合、英文の文章の要約をしたあと、ホームレスなどの社会的弱者をどう処遇するべきかを考えてこそ、論じることになる。そのためには、「行政が介入して、ホームレスをなくすべきか」を問題提起するのが正攻法。「行政が、保護して、仕事などを与え、自活できるように指導するべきだ」という立場と、「行政がかかわると管理になる。ホームレスは自己責任なのだから、行政はかかわるべきではない。ボランティア団体と本人の自覚に期待するべきだ」という立場が可能だ。

▼課題文が英語でも、イエス・ノー方式を応用せよ。

解答例

課題文はホームレスについて説明している。かつてはホームレスといえば中年のアルコール中毒の男性だったが、今では女性や若者やドラッグによって体を壊した人がホームレスになっている。彼らは高速道路の陸橋の下や駅などに避難所を見つけて暮らし、慈善事業、クリスマス中の「救世軍」などのボランティア活動によって助けられてきた。そのように、この文章は語っている。では、このような社会的弱者を、われわれは放置してよいのか。

確かに、ホームレスと呼ばれる人の中には、好んで仕事に就かずにいる人がいる。自活する気力を失って、気ままな生活をしている人もいる。そして、行政が彼らを指導しようとすることは、彼らの自由を抑圧することになりかねない。だが、たとえそうであっても、行政が指導して、ホームレスを減らす努力をするべきだと考える。

ホームレスになるということは、仕事を失い、家を失い、生きがいを失ったということである。だが、彼らにも生きる権利がある。行政が彼らを指導し、生活する場を与え、仕事を与える義務がある。たとえ、ホームレスの人々が反発しようと、辛抱強く説得して、自活する道を選ぶように指導する必要がある。

そうすることによって、秩序の乱れや犯罪を防ぐことができ、多くの人が生き

がいを持って生活できる社会に近づけられるはずである。（五八二字）

【課題文全訳】

昔ながらの浮浪者は中年の、アルコールづけの男性というイメージで考えられていた。だが、今ではホームレスというものは変化した。今日では、住宅を手に入れる余裕がなくて、居場所をなくした家族がたくさんいる。以前よりも、たくさんの女性や、ずっとたくさんの若い人々もいる。彼らの三分の一は精神的に病んでおり、薬物に支配されているために施設から放り出されている。

彼らはどこに滞在しているのだろう？　彼らはしばしば大都市の高速道路の陸橋の下に避難所を見出している。暖かい月には公園が人気だが、もっと寒くなると、公園にはほとんど避難所を見つけられなくなる。そして、日本のように、列車や地下鉄の駅が、夏に涼しくて冬に暖かいために、安息の地となる。

慈善団体と無料食堂がこれまでホームレスの伝統的な避難所であった。彼らを支援するための顕著な仕事をする一つのグループが救世軍である。救世軍のボランティアはクリスマスシーズンの間に特に目立つ。その時期、彼らは都市の街角に立って、音楽を演奏し、公共の寄付を求めるのだ。

第3章

合格するための
作文対策

私的な事柄を尋ねる問題

1 「私的な事柄を尋ねる問題」は三つ準備しておけば対応できる

『作文型』には、前に説明したように、「私的な事柄を尋ねる問題」と「それ以外の事柄を尋ねる問題（自由作文）」の二種類がある。

自由作文が、小論文では表現できない感受性や個性を見ようとするものであるのに対して、私的なことを尋ねる問題は文章力や思考力のほか、人柄に重点をおいて選抜しようとしていると考えていい。

▼「私的な事柄を尋ねる問題」
●人柄に重点を置いている。
「それ以外の事柄を尋ねる問題（自由作文）」
●感受性や個性を見ようとする。

私的な事柄に関する代表的な設問は次のようになる。

●自分について　●私の主張　●感動したこと
●私の人生観　●尊敬する人　●印象に残っている出来事
●私の高校時代　●愛読書　●大学で学びたいこと
●最近読んだ本　●語り伝えたい体験

この種の問題は、書く側の対応から言えば、三種類に分類できる。

❶「作品や人との出会い」に関するもの（典型例「私の出合った一冊の本」）
❷「私の過去」に関するもの（典型例「私の高校時代」）
❸「私の将来」に関すること（典型例「大学で学びたいこと」）

そして、この三種類の問題、それぞれ一つずつ準備しておけば、ほとんどそのまま、どんな問題が出ても対応できると考えていい。

たとえば、①の答えを用意しておけば、「愛読書」や「最近読んだ本」はそのまま書けるし、「尊敬する人」という題でも「その本の著者（あるいは、そこに

▼三種類の問題に対し準備しておけば、どんな問題にでも対応できる。

描かれている人物）を尊敬している」とまとめれば十分に対応できる。「私の主張」も、「その本の主張に感銘を受けた」とすればいいし、場合によっては、「私の人生観」も、「その本で人生観が変わった」とすれば、そのまま使える。

また、②の答えで「印象に残っていること」「語り伝えたいこと」はそのまま対応できる。「子供のころの私」というような問題が出ても、多少手直しするくらいで十分。「人生観が変わるような体験をした」と書けば、「私の人生観」という題でも書くことができる。

③の答えでは、「志望動機」はもちろん、「十年後の私」「社会に出てしたいこと」などへの対応が可能だ。

この種の問題の出る大学を受験する人は、**試験前に必ず以上の三つは書いておくこと。**

2 『作文型』の場合は、『小論文型』の『型』を使ってはいけない

『小論文型』の『型』を『作文型』では使えない。そのまま使うと、「型」にはまった、おもしろみのない文章とみなされてしまう。「作文」には本来、「型」はないのだから、そのような印象を与えては損だ。

▼試験前に必ず上記の三種類の問題に対する解答を書いておくこと。

では、自由に書くべきなのか。正論を言えばそのとおりと答えるしかない。どのような形式で書いてもかまわない、というのが、『作文型』の原則なのだ。しかし、そうなると、すべてが「文章を書く才能」と「時の運」しだいということになる。受験生としては、そんなものに頼っているわけにはいかない。

そこで、もっとも形式的に整った、まとまりのある「作文」の書き方を説明する。これは「作文」のあるべき『型』というわけではない。単に、一つの模範例にすぎない。だが、これを一つマスターしておけば、さまざまな場合に応用できるだろう。

第一部

原則として、これから書こうとする出来事の「きっかけ」や、その出来事の「予告」の役割を果たす。全体の五分の一以下が原則。

「私の出合った一冊の本」が題だとすると、なぜ、その本を読んだかを書く。「私の高校時代」が題なら、次に語ることの予告のようなものがいい。「大学で学びたいこと」の場合は、はっきりと学びたい内容を書く。

▼模範例をマスターしておけば、さまざまな場合に応用できる。

▼「私の出合った一冊の本」の課題を実際に書いてみよう。（六〇〇字以内）【解答例107ページ】

第二部

語ろうとしている内容を具体的に書く。ただし、なるべく深い印象などはつけ加えずに表面的な出来事の記述にとどめる。全体の三分の一が目安。

「私の出合った一冊の本」の場合は、本のストーリーなど、その本の表面的な説明をする。「私の高校時代」なら、高校時代に起こった出来事、「大学で学びたいこと」なら、学びたいことの内容を説明する。

第三部

第二部で書いた内容から得た印象や考えなどを、できるだけ深く鋭く書く。全体の三分の一前後が目安。

「私の出合った一冊の本」の場合は、その本から得た新しい人生観や深い感動を説明する。「私の高校時代」なら、第二部で語った出来事から得た教訓など、「大学で学びたいこと」であれば、学びたい理由やそれに意義を感じる理由を、なるべく鋭く書く。

第四部
全体のまとめ。

『作文型』の場合は、「これから、……を考えていきたい」といった努力目標ふうの終わり方も許される。

3 『作文型』は焦点を絞るのが勝負の分かれ目

漠然とした題が与えられたときには、まず焦点を絞ることを考えなくてはいけない。たとえば、「私の人生観」「私の生きがい」「私の性格」という題の場合、そのまま考えると、あまりに漠然としていて、何を書くか迷う。

あれもこれもとクドクドと書くよりは、平凡でもいいので、「私は人生というものを、本当に愛するものを探し出すことだと思っている」「私は人の役に立つことを生きがいにしたいと思っている」「私はよくお人好しだと言われる」とい

▼平凡でもいいので一つに焦点を絞る。
「私はよくお人好しと言われる」
●なぜ？
●いつごろ？
●どんなエピソード？
●どんなことをしたいか？

うように一つに決めて、なぜそうなったのか、いつごろからそうなったのか、どんなエピソードがあるか、これからどんなことをしていきたいかなどを説明するほうがいい。

焦点を絞る方法として、もっとも簡単なのは、**漠然とした題が出されたら、なるべく前もって準備していた①②③の三つの題に持ち込むことだ。**そうすることによって、得意の分野に近づけることもできるし、焦点を絞ることもできる。ただし、強引になりすぎないように、気をつけなくてはいけない。

4 『作文型』もイエス・ノー方式を取り入れると、一味違ってくる

『作文型』でも、**書き出しの部分で否定的要素を入れて、イエス・ノー型を応用する**と優れた文章になる。

「私の出合った一冊の本」の場合は、「読む前はきっとつまらないだろうと思っていた」や、「一般に失敗作と思われている」というような要素を加えておくわけだ。「私の高校時代」という題の場合でも、「私の高校時代の行動を愚かだという人がいる」という観点を、「大学で学びたいこと」の場合も、「そんなことをしても意味がないという人もいる」という観点を加えておく。

▼もっとも簡単な方法は漠然とした題が出されたら、三つの題に持ち込むことだ。

▼『作文型』でも、書き出しの部分に否定的要素を入れて、イエス・ノー型を応用せよ。
そうすることによって、話が一方的になるのを防ぎ、焦点を絞って、自分の考えを主張できる。

そうすることによって、話が一方的になるのを防ぎ、焦点を絞って、自分の考えを主張できる。

5 ありふれていない、賛否両論のあるものを対象に選ぶ

「私が出合った一冊の本」という設問で、『こゝろ』や『伊豆の踊子』などの、中学・高校の教科書に出てくる作品、「尊敬する人」では、シュバイツァーやリンカーンというのでは、あまりにありふれていて、幼稚さをさらけ出してしまう。よほどほかの人と違った鋭い感想を持っているのでなければ、もっと個性的な対象を選んだほうがいい。

説明を読まなくても、作品名や名前を聞いただけで、なぜ好きか、なぜ尊敬するのかわかってしまうような対象ではなく、**賛否両論のある対象を選んで、自分の考えの正しさを説明する形を取るほうが書きやすいし、鋭さも見せられる。**

「本」が対象の場合は、大作家の失敗作と言われているようなもの、二流とされている作家の小説がいい。場合によっては、文学作品などではなく、自然科学の本や辞書、図鑑などでもいいだろう。それが自分にどのような影響を与えたかなどを、きれいごとではなく、素直に書いたほうがいい。

▼ありふれた「本」、ありふれた「人」を対象として選ばない。

「人」が対象の場合は、多少の問題はあるが、尊敬すべき点を持っている人を選ぶといい。音楽の好きな人なら、モーツァルトやベートーベンなどの作曲家、絵の好きな人はゴッホなどの画家がいいだろう。

ただし、文学部試験の「愛読書」という設問に、読みやすさで売っている流行作家の安易なミステリーや学園恋愛ものについて書いたのでは、幼稚さをあきれられるだけだ。

また、いくら多少問題のある人物を選ぶほうがいいといっても、「尊敬する人物」で、ヒットラーというのも、やめておいたほうがいい。採点者をうならせるようなことを書くのでなければ、不合格確実。単に、危険思想のひねくれ者と思われてしまう。

6 具体的に書こう

『作文型』の場合は、できるだけ具体的に書くことを心がけなくてはいけない。『小論文型』のような抽象的な議論は好まれない。

そのためには、どんなに抽象的な題でも、**具体的な体験を織り交ぜて書く**といい。「私の生きがい」「私の人生観」「私の性格」という題でも、なるべく、体験

▼どんなに抽象的な題でも、具体的な体験を織り交ぜて書くといい。

を交えて、どういうきっかけでそう考えるようになったのか、どうしてそんな性格になったのかなどを書く。

ただし、体験を書こうとすると、ついだらだらとした感じになるので、注意しなければいけない。「作文」でよく言われる5W・1Hを的確に示して、要領よく、説明すること。長くなりすぎないように、**前もって各段落の分量を決めておいて、用紙に印をつけておく**といい。

7 大学の求める「人柄」を調べておく

前にも説明したように、「私的な事柄を答える小論文」は人柄を見るという面が強い。**大学側がどのような人柄を求めているか**を把握しておく必要がある。

はみだしたところのある個性的な人を取りたいと思っている大学で、良い子ぶった、当たり障りのない文章を書いたのでは、合格するはずがない。逆に、良妻賢母教育を旨とする女子大で個性を強調した反抗的なものを書いたのでは、嫌われるに決まっている。

大学がどのような人材を求めているかを知りたければ、**大学側の用意した推薦募集やAO入試の資料を見る**のがいちばんてっとりばやい。そこに、ほとんどの

▼5W・1H
WHEN（いつ）
WHO（だれが）
WHERE（どこで）
WHY（なぜ）
WHAT（何を）
HOW（どのように）

▼大学が要求する人材を知りたければ、推薦募集やAO入試の資料を見るのがいちばんてっとりばやい。

場合、どのような人材を求めているかのコメントが出ているはず。

「個性豊かな人物」「リーダーシップを発揮できる人物」というような文があったら、あまり萎縮《いしゅく》しないで、過激にならない程度に個性を発揮すべきだろう。

だが、一般的には、私的な問題を出す推薦入試やＡＯ入試の場合は、**「積極的かつ謙虚」**な人材を求めていると考えて間違いない。

大学の校風から判断するのもいい。四年制の共学の規模の大きい大学は個性重視の傾向が強いと考えていいだろう。お嬢さん学校と言われているところや良妻賢母教育を旨としているところはもちろん、規模の小さい女子大は、「積極的かつ謙虚」な学生を求めていると考えていい。

推薦募集やＡＯ入試のパンフレットや入試要項をよく読んで、それでもわかりにくいときには進路指導の先生に質問して、求めている人材がどのようなものかを把握しておくことを勧める。

▼推薦募集やＡＯ入試のパンフレットや入試要項をよく読んで、それでもわかりにくいときには進路指導の先生に質問すること。

8 「良い子」を思い浮かべて書く

今も書いたとおり、一般には、私的な事柄に関する問題を出す大学は、**「積極的かつ謙虚」という、絵に描いたような「良い子」を求めている**と思っていい。

受験生としても、それにこたえて、（柄にもなく？）「良い子」を装わなくてはいけない。

そのためには、頭の中に、今まで知り合ったもっとも「良い子」を思い浮かべてみるといい。人から嫌われるような「優等生」ではない。目上の人は尊敬し、健康的な考え方をするが、押しつけがましくなく、まじめで、しっかりした目的を持ち、反抗的な態度は絶対に見せないような「良い子」だ。

そんな人が、周りにいなければ、小説やテレビドラマや漫画の登場人物でもいい。そして、その人物を思い浮かべて書いてみる。

しかし、気をつけなくてはいけないのは、**道徳的になりすぎないこと**。「良い子」を装うからといって、道徳的になってはいけない。説教じみていたり、教訓じみた道徳の話のような「作文」は好まれない。

解答例

「私の出合った一冊の本」

タイで仕事をしている父に勧められて、最近翻訳されたタイのマナット・チャンヨン作の短編小説集『妻喰い男』を読んでみた。これまで父に勧められておもしろかった本などなかったし、題名も魅力的でなかったので、気が進まなかった

▼「良い子の条件」
- 目上の人を尊敬する。
- 健康的な考え方をする。
- 押しつけがましくない。
- まじめ。
- しっかりした目的を持つ。
- 反抗的な態度を見せない。

のだが、読んでみて驚いた。

いちばんおもしろかったのは、表題作だ。結婚すると妻を早死にさせる、つまり、妻喰い男になると占いで言われたために愛する女性との結婚に反対された男の物語だ。男は別の女たちと結婚するが、占いどおりに女たちはすぐに死ぬ。ところが、最初の婚約者のほうも、何人もの男と結婚しては夫を失っていた。そこで、男は最初の女性と結婚するが、女性の運命のほうが強く、男は結婚後すぐに死んでしまう。そんな話だ。暗くなりそうな話なのだが、タイの田舎の日常が美しく描かれているために、むしろほのぼのとしている。

私がストーリー以上に魅力を感じたのは、その語り口だった。暗い感じになっていないのも、とぼけた語り口のせいだろう。まるで、昔話の語り口なのだ。そのために、何人もの人間が死んでも切実感はない。人間の死を日常的で、あたりまえのこととして語っている。人間など、自然と比べれば何でもないとでも言いたげな語りなのだ。

きっとこれが仏教的な人間観なのだろう。一見、非人間的に見えて、その実とても温かい人間観だと私は思った。(五七二字)

一般的なテーマによる作文への対応

1 『作文型』か『小論文型』かの見分け方

『作文型』の中に、私的な問題を尋ねているわけでもなく、『小論文型』でもなさそうな、どっちつかずのものがある。

たとえば、与えられる課題が「むすぶ」だったり、「顔」だったり、「手紙」だったり。かなりの人が何を書けばいいのかわからずに頭をかかえてしまうだろう。

こんな問題が出てきたとき、最初に見極めるべきは、**出題者が『小論文型』を求めているのか、それとも、『作文型』を求めているかだ。**それを間違えて、『作

▼**漠然とした題が出された場合、出題者が『小論文型』か『作文型』かどちらを求めているかを見極めよ。**

文型』が求められているのに、『小論文型』の方式で答えてしまったら、悲惨なことになる。出題者は型にはまらない独創的な感受性を見たいと願っているのだから、頭でっかちの小論文型は、敬遠される傾向にあるわけだ。逆の場合は、知能程度の低いセンチメンタルな生徒と思われてしまう。

だが、見極めるのはそれほど難しいことではない。要するに、**学部による**と考えていいだろう。

たとえば、文学部や芸術系の学部で、「水」という課題が出されれば、当然、『作文型』だろう。水にまつわるさまざまなことを書くのが原則。「水に流す」などという表現を思い出して、日本人の意識構造のことを考えてもいいし、水というもののイメージをふくらませて、昔の思い出を書いてもかまわない。ところが、国際関係学部や法学部、家政学部、工学部、水産学部などだったら、環境問題や資源問題を論じる『小論文型』ということになる。

毎年、問題の傾向は踏襲《とうしゅう》されるのがふつうなので、どちらの傾向なのか、検討しておくことを勧める。わからなければ、進路指導の先生に聞くこと。

▼受ける学部によって『小論文型』か『作文型』か見分けるべし。

▼問題の傾向は踏襲されるので検討しておくこと。わからなければ進路指導の先生に聞くこと。

2 この種の問題も『作文型』の『型』で

この種の「作文」も、本来は自由に書くべきだが、それでは、合否を生まれながらの才能と長年の読書歴と運に任せることになってしまう。もし、君が条件を満たしているのならいいが、そうでなければ、**私的作文と同じ『型』に当てはめて書く**ことを勧める。もし万一、それよりももっとうまい構成を見つけたら、そのときには『型』を崩してもかまわない。『型』を安全のための保障として使うこと。

第一部

課題として出された言葉の意味を限定し、そうすることで、焦点を絞る。

「むすぶ」なら、たとえば、この言葉を「人と人との関係を結ぶ」という意味にとることを明らかにする。そして、第二部で語る出来事の予告をする。

▼「むすぶ」の課題を実際に書いてみよう。（六〇〇字以内）【解答例115ページ】

第二部

課題となっている言葉から連想された出来事を語る。

たとえば、「むすぶ」の場合は、人と人との関係を偶然が結んだ話を語る。

第三部

第二部で語った出来事から得た、なるべく鋭い印象を語る。

たとえば、「むすぶ」の場合は、「人と人を結びつけるのは、常に偶然だ」というような感じでいい。

第四部

全体のまとめ。

3 個性的な視点を探せ

繰り返し述べているとおり、この種の問題は受験生の感受性や個性を見たいと考えている。だったら、間違ってもありふれたことを書くべきではない。**できるだけ個性的に、だれも気がついていない視点で書くほうが好ましい。**

「むすぶ」という題の場合も、だれもが考えそうな「人と人との結びつき」よりもっと個性的なものを見つけ出したなら、そのほうがいい。

個性的な視点を得るには、**『小論文型』の際に説明した「AとB」という形で考えてみる**といい。「手紙」の場合は、「手紙とA」というように、思いつくままに単語を入れてみる。「むすぶ」の場合は、「Aをむすぶ」「Aとむすぶ」「Aにむすぶ」というように考えるといいだろう。そうすれば、強引ではなく、しかも個性的という題材を見つけることができるはずだ。

ただし、題材で無理に個性的にしなくても、あとの展開で個性的にできるので、うまいものを思いつかないからといって、あきらめることはない。

▼個性的な視点を得るために、『小論文型』で説明した「AとB」を思い出せ。（46ページ参照）

4 教訓話にするな

この種の問題では、教訓話にならないように気をつけなくてはいけない。つい、「手紙」だと、「手紙は心と心を結ぶものでなくてはいけない」、「むすぶ」だと、「心の結びつきこそが大事」というような、小学校の道徳の時間のような話に陥ってしまう例をよく見かける。

教訓話に堕《だ》すということは、個性的な感受性を押し殺すということであって、この種の問題を出す大学のもっとも嫌うところだと思って間違いない。不道徳になったり、反抗的になったりするのは考えものだが、少なくとも、道徳的にする必要はまったくない。

「作文」は、道徳話ではないということを、しっかりと頭に入れておいてほしいものだ。

5 第三部で鋭さを見せる

第三部では、第二部で語った話から得た印象や感想を書くのが原則だが、この種の作文の最大のポイントは、第二部から得たものをここでどれほど鋭く展開で

▼教訓話に堕すことは、個性を押し殺すことにつながる。

きるかにある。

印象を鋭く見せるのにいちばん簡単なのは、**第二部の話からだれもが感じそうな印象を否定すること。**つまり、「しかし、私は……と言いたいのではない」というように書いて、もっと別の視点を展開するのが、いちばん簡単な方法だ。

「むすぶ」を例にとると、第二部で、人と人がほんの偶然のことで知り合い、別れていった話をしたあとで、「だが、私はこのふたりにもっと愛を大事にしてほしかったと思っているわけではない」と書くわけだ。そして、「私は、人の出会いも別れも、すべて偶然だと思う。人を結びつけるのも、引き離すのも偶然なのだ」というふうに話を展開すれば、鋭さをアピールできる。

この種の問題に対しても、『小論文型』で学んだテクニックが応用できるので、『小論文型』の『型』を十分に学習してほしい。

解答例

「むすぶ」

私は「むすぶ」という言葉から「むすんでひらいて」という童謡を連想する。

ほとんどの人はこの歌を聞くと懐かしい思いになるらしい。だが、私は憂鬱になる。幼稚園に通っていたころの悲しみが蘇るのだ。

▼印象を鋭く見せるのにいちばん簡単なのは、第二部の話からだれもが感じそうな印象を否定すること。

幼稚園のころ、父の仕事の都合で別の地方都市に引っ越した。必然的に幼稚園もかわった。前の幼稚園では人気者だった私だが、新しい幼稚園の勝手がわからず、そのうえ、言葉も違っていたので、いつのまにか、「いじめられっ子」になっていた。そのような状況を何とか変えようとして、つい暴力的になり、ますます孤立していった。そのころ、幼稚園で習っていたのが、「むすんでひらいて」なのだ。

あれからもう十年以上がたつ。小学校に入ってからは、新しい方言も覚えて仲間に入ることができた。だがあれからというもの、あの歌を聞くと悲しい思いがよぎるだけでなく、集団で何かをしている子供たちを見ると、「きっと、中には悲しい思いをしている子供がいるに違いない、仲間に入りたいと思いながら、入れずにいる子供がいるに違いない」と思うようになったのだ。そう、他者との関係をうまく「むすぶ」ことができずにあがいている子供をつい想像してしまうのだ。

今となっては、「むすんでひらいて」は、私にとって、いつまでも少数者の気持ちを忘れないように思い出させてくれる歌だと言えそうだ。(五八四字)

第4章

合格するための
実戦対策

学部別対策

▼自分の受験する学部に応じた知識と思考法を身につけておかなくてはいけない。

第2章・第3章で、『小論文型』『作文型』の書き方を説明した。

だが、これだけでは、小論文対策としては足りない。自分の受験する学部に応じた知識と思考法を身につけておかなくてはいけない。

たとえば、いくら上手に文章を書けても、工学部や家政学部の問題に「水」という題を出されて、文学的に「水」についての日本人の信仰のようなものを指摘しても、不合格は間違いない。環境問題などに結びつけてこそ、設問にきちんと答えた小論文になる。

要するに、小論文の試験は、きちんと受験する学部についての知識を持っているかどうかを見るためのものでもあるのだ。そのことを忘れてしまったら、たとえ自分では個性的にしたつもりでも、トンチンカンなものにしかならない。

では、学部ごとにどのような知識と思考法が求められているのか、ポイントを見ていこう。だが、それだけではもったいないので、これまでの復習を兼ねて、みなさんと同じレベルの人の文章を例にして、その欠点を指摘しながら、どのようにすれば、もっと優れた小論文にできるかを考えてみることにする。

もちろん、それぞれの例題について、自分の希望する学部に関係なく、一度は自分なりに書いてみることを勧める。

1 文学部・外国語学部系の傾向と対策

例題1

問1　次の文章を二〇〇字以内で要約しなさい。
問2　筆者の主張に対して、あなたはどう考えますか。四〇〇字程度で論じなさい。
（設問・字数変更）

▼それぞれの例題について、一度は書いてみよう。

ジャック・フィニイに「従兄《カズン》レンの驚異の形容詞壺」と題する短篇がある。フィニイはかねて気に入りのSF作家だが、とりわけファンタジー仕立ての短篇に絶妙の才を示す。この作品もその一つである。

コラムニストのレンが質流れの店でしろめ製の古い壺を見つけてくるところから、その話ははじまる。一見、塩壺に似たこの壺は、じつは文章から形容詞を吸い取るというふしぎな壺だった。文章に近づけると、近づけた距離に応じて軽いものから重いものの順に形容詞を吸い取ってしまうのである。レンがそのことに気づいたのは、壺をかたわらに置いてコラムを書いているときだった。

「妖精の森の宝石をちりばめたような梢は、寂として静まりかえっている」。彼はこう書きつづった。「ぞっとするほど冷たい、厳しい冬の到来で、夏の日の青々とした草木のざわめきは消えてしまった。色とりどりの無数の鳥たちの、フルートのように澄んださえずりももう聞こえない」

ここまできて、カズン・レンはなんの気なしに筆を置いた。そして塩壺をためつすがめつしはじめた。彼は壺をさかさにもって、銘を調べようと底を見たが、その時、壺の口は原稿用紙から一インチしか離れていなかった。まもなく、彼は原稿がすっかりかわっていることに気がついた。

「森の　梢は　静まりかえっている。　冬の到来で　草木のざわめきは消えてしまった。　鳥たちの　さえずりも　聞こえない」

カズン・レンにも見る目はあった。で、これを見た時、前よりいい文章になっていることはすぐに理解できた。彼は仕事にもどり、いつものように、だが文章の長さは普段の二倍にひきのばして、コラムを書きつづった。それから、形容詞壺をつかって、磁石のように前後に動かしながら、各行に手を加えていった。形容詞と副詞が、電気掃除機に吸いこまれる糸くずのように、シュッ、シュッと小さな音をたてて飛び去っていく。結局、コラムはしかるべき長さに切りつめられ、かつてないほど歯切れのいい、よくひきしまった文章ができあがった。たしかに何か訴えかけるようなところがある、とカズン・レンがはじめて感じたコラムだった。

以来、レンはこの壺を操作して簡潔できりりとしたコラムを仕上げるすべを覚え、おかげで名コラムニストの評判を得ることになるのだが、作者のフィニイは最後にいかにも才気縦横の作家にふさわしい小癪な一行を配して、この短篇をしめくくる。

生徒解答例

ぼくはこの壺をおおむね一インチ半の距離において、この文章を書きあげた。だから、こんな短い文章になってしまったのである。

開高健に、「魚や獣がもっとも早く眼や内臓、つまりもっとも美味な部分から腐敗しはじめる」ように「作品のなかでもっとも滅びやすいのは形容詞からだ」という発言があるが、形容詞を極力省いた簡潔明瞭はすべて文章の理想とするところ。「従兄レンの驚異の形容詞壺」はそのことを説くうえでの範例としてじつに好都合なのだけれども、ここでこの作品を持ちだしたのはそれを言うためではない。むしろ、その逆というか裏側というか、つまり、壺に形容詞を吸い取られる前のカズン・レンの文章のなかに、形容詞ぬきでその意味内容を明確に伝えることのできる、いわば骨格がちゃんと存在していたということを言いたかったからである。

（出典：向井敏『文章読本』（文藝春秋）第三章「文体とは何か」）

（明星大・日本文化―言語文化）

問1

　ジャック・フィニィというSFで有名な作家の作品に、コラムニストのレンが形容詞を吸い取る壺を手に入れたという物語があり、いつものように文章を書くと、形容詞が吸い取られて、形容詞のない文章になって、歯切れのよい、引き締まった文章になるので、形容詞を極力省いた簡潔な文章こそ理想だと筆者は語っているが、形容詞抜きでりっぱな文章になるには、骨格がちゃんと存在していることが必要だとも、筆者は付け加えている。

る。

というストーリーだ。

君は一文で書いているが、これでは日本語として通じない。三つ以上の文に切るほうがよい。

要約は筆者になりかわって書くのが原則。だから、この部分をなくすほうがよい。

問2

形容詞の少ない文章のほうがわかりやすいとはいえるかもしれない。学校の作文の時間にも、先生から形容詞は少ないほうがよいと聞いたことがある。そのほうが、読者に訴えることができるということだった。だが、私はその時疑問に思った。そのころ、国語の時間に読んでいた夏目漱石や川端康成の小説は形容詞がたくさん出てくる。先生の言うとおりだとすると、夏目漱石はよい文章ではないことになる。それに、手紙でも、感じたことを

もちろん、書き出しは一マスあけるのが原則。

改行

まずは、問題提起をすることを勧める。そうでないと、何を論じようとしているのかわからない。

なぜ形容詞が少ないほうがよいかもう少し説明するほうがよい。

このあたりで段落を変えるとよい。そして、このあとを「展開」にする。

たいへん鋭いところに気づいている。

相手にわかってもらうために、いろいろと形容詞を使うはずだ。形容詞によって、心の中の深い感情を表しているのだから、形容詞はあってもよいと思う。それがないと、心のこもらない文章になってしまう。

改行

だから、私は、文章によっては、形容詞も大事だと思う。

たいへん鋭い。

このあたりで段落を変えて「結論」にするとよい。

問1は、まず日本語として通じない。どうやら、この答案を書いた受講生は、一つの文で書かなければいけないと思っているようだが、もちろん、その必要はない。せめて三つくらいの文には分けてほしい。

それに、「筆者になりかわって書く」という原則を忘れているために、無駄が多い。筆者になりかわって、もっとも言いたいことをきちんと示さなければいけない。

問2は、大変的確なところを突いているのだが、残念ながら、この文章では、合格は難しい。

構成がめちゃくちゃで、せっかくの鋭い考えが、読み手には伝わらない。そもそも、段落替えがなく、それだけで、未整理とわかる。

アイデアはこのままでよいので、上手に四部構成にして、論理的な展開にすること。そうするだけで、優れた小論文になる。

●修正解答

問1

ジャック・フィニィの短編小説に、形容詞を吸い取る壺の話がある。こんなストーリーだ。コラムニストのレンが形容詞を吸い取る壺を手に入れた。いつものように文章を書くと、形容詞が吸い取られて、形容詞のない文章になり、むしろ歯切れのよい、引き締まった文章になる。つまり、形容詞を極力省いた簡潔な文章こそ理想なのだ。しかし、形容詞抜きでりっぱな文章になるには、骨格がちゃんと存在していることが必要だ。（一九五字）

問2

筆者の言うように形容詞を減らすべきだろうか。

もちろん、形容詞の少ない文章のほうがわかりやすい。新聞のコラムや論文などでは、形容詞が少ないほうが好ましいだろう。本当に読者に訴えることのできるのは、飾りをなくし、内容の鋭さ、豊かさを伝える文章だ。しかし、形容詞にも重要な役割があることを忘れてはいけない。

文学作品や手紙などでは、出来事を簡潔に伝えるだけでなく、自分の心に感じたことを、読む人に追体験させるという役割がある。川端康成の文章に形容詞が多いのもそのためだろう。読者は作者の書いた文章を読みながら、情景を思い浮かべ、作者の心の中に入り込んで、喜怒哀楽を味わう。そして、作者は形容詞によって、心の中の深い感情を表しているのだ。それを無視すると、味気のない、心のこもらない文章になってしまう。

以上述べたように、私は、文章によっては、形容詞も大事だと考える。
(四一三字)

2 社会科学系(法、経、商、福祉)の傾向と対策

例題2

あなたの住む町はあなたからみてどのような町づくりが望ましいと思いますか、そしてあなたの描く町づくりのためにはどのような具体的施策が必要と思いますか。

(聖学院大・政治経済―政治経済・コミュニティ政策)

▼字数制限のない場合は、六〇〇~八〇〇字程度で書くとよい。

生徒解答例

私が望ましいと考える町は、地域のつながりを保って、そこで暮らすみんなが助け合い、自分たちの生活をよくしようと努力するような町だ。

そのためには、住民の地域意識を高めるべきだ。私の住む町も大都市のベッドタウンであるため、長い間、住民の地域意識がなかった。ところが、近くの（高校が）甲子園大会に出場するということになって、それから、突然、まとまりができた。商店街に「○○高校甲子園出

ここはよい。

望ましい町を作る対策としては、なかなか鋭い。だが、ここに書くと、あとで書くことがなくなってしまう！

ここでは、今、地域の意識が薄れていることなどを説明しておくほうがよい。

場おめでとう」という大きなのぼりがたった。それまで無関心だった人も、テレビにかじりついて応援をした。結局、一回戦で負けたが、その後は、町にまとまりができた。その後、お祭りももりあがった。私の一家もカラオケ大会に出場した。まるで昔からの知り合いのように、仲良しになって、カラオケを楽しんだ。また、テレビによく出る評論家が私たちの町に住んでいることも知って、講演会を開いた。そうして、だんだんと、町のみんなが

体験談が長々と続くばかりで、まとまりがない。こんなに体験談を書く必要はない。具体例も必要だが、これでは長すぎる。「私の体験」という形ではなく、「こうすれば地域がよくなる」という形で書くこと!

自分たちの町に誇りを持つようになって、町の名前のついたカステラができるようになった。

私は、このようにして町づくりをするのがいいと思う。つまり、スポーツの大会を利用して、祭りや文化事業などを活発に行うことで、まとまりができると思う。

これが私の案だ。

この一文はちょっと不自然。もう少しきちんと「結論」を示すほうがよい。

考えている方向は悪くない。だが、どんどんと話がそれていって、論がぼやけている。しかも、途中で書くことがなくなって、体験談を長々と書いてごまかしている。これでは、論理的な文章とは言いがたい。もう少し、『型』を応用すると、しっかりした論になる。

第一段落で自分の意見をずばりということで、問題提起をする。そして、第二段落で、その意見が正しいことを裏付ける。第三段落で、それを実現するための対策を考える。そして最後に結論として、まとめを書く。そうすると、すっきりまとまる。

●修正解答

私が望ましいと考える町は、地域のつながりを保って、そこで暮らすみんなが助け合い、自分たちの生活をよくしようと努力するような町だ。

確かに、現在の都市ではかつての地域社会はなくなっている。誰もが仕事中心の生活をしているため、近所の人と付き合う機会がない。核家族が増えているために、老人たちが近所の人と付き合うことも減っている。そのために、隣の家が何人家族なのかも知らず、顔も見たことがないといったことが起こっているのである。だが、このままでは、犯罪が増え、生活に潤いがなくなる。個人個人が孤立した町になってしまう。もっと、つながりを持つことが必要である。

私は、地域の活性化を図るために、住民の地域意識を高めるべきだと考える。祭りや文化事業などを活発に行う。そして、住民の多くに、みこしをかついだり、カラオケ大会に出たり、講演会や演奏会に来てもらったりといった、催し物への参加を呼びかける。また、地域の学校がスポーツ大会などに出場する場合は、町全体で応援し、地域意識を住民に持ってもらうようにする。そして、そうした中から、町の名物を作り出して、多くの人に浸透するようにする。名物というのは、名物のお菓子でもよいし、名所でも、文化人でもよい。その町を象徴するようなものを広める。こうすることで、住民が自分の町という意識を持ち、町を自分たちの力でよくしようという意識が強まる。

私はこのように、さまざまな機会に「町意識」を広め、そうすることによって、希薄になった地域社会の絆を復活するべきだと考えるのである。（六八六字）

例題3

次の文章を読み、あなたならこの事態をどのように対処・解決しようと考えるか、それを六〇〇字以内で述べなさい。

ロサンゼルスに西海岸のセールス本部を置くある大手自動車メーカー。仕事が忙しくなると日本人マネージャーは土曜出勤をする。他人にわずらわされず時間的余裕をもちながらひとつひとつの懸案事項を処理していくには土曜出勤が最適である。月曜日から金曜日のウィークデーでは落ち着いて仕事ができない。さまざまな会合、打ち合わせもある。ついつい残務の先延ばしをし、土曜出勤となってしまう。

土曜出勤は個人の立場からは決して好ましいものではない。でも、業務の立場からみれば悪いことではない。週末に案件をすべて整理し、新しい仕事に備えることは月曜日から健康なオフィスライフを送ることに不可欠なのだ。

そうこうしているうちに、いつの間にか日本人マネージャーだけが土曜出勤することが風潮になってしまった。君も行くなら僕も行く、とする一種の集団志向の反映なのであろう。また、土曜日なら英語にわずらわされず仕事ができる、という心理が働いたのかもしれない。

日本人マネージャーだけが集まれば、そこではインフォーマルな会話がはじまる。インフォーマルな形で仕事の話がはずむ。それがいつの間にか根回しとなり意思決定となってしまう。

このことはまったく自然の成り行きで、なんら悪意のあるものではない。多くの日本人マネージャーが土曜出勤していることはアメリカ人マネージャーも承知している。しかし、そこで根回しが行われ、実質的な意思決定がされてしまうことには気づいていなかった。

しかしながら、日時の経過とともに、アメリカ人マネージャーはなにかしらの不快さを感じはじめた。担当マネージャーとしての自分に相談すべき事柄がいつの間にか相談なしに決まっている。参加を求められてしかるべき案件についても問いかけがない。これはどう考えてもおかしい。そこで日本人マネージャーに問いただしてみた。そうしたら、土曜日に日本人だけでインフォーマルな話をしてそれが実質上の意思決定になっていることを知ってしまった。

これはどうみても許しがたい。アンフェアな行為である。アメリカ人マネージャーの尊厳を著しく傷つけるものである。そこで、数人のアメリカ人マネージャーは人事担当の日本人副社長にその怒りをぶつけた。

「なぜか。なぜ日本人だけなのだ。われわれも同じ管理職にある。なぜ意思決定に参加できないのか」

これらアメリカ人マネージャーの怒り、抗議は当然のことだ。といって日本人マネージャーの非を一方的に責めることもできない。休日の土曜日に出勤し、話し合いをし、組織の発展に献身する。この行動に対し非を鳴らすことはできない。それでは日本人副社長はどのようにこの事態を収めたのであろうか。

（出典：岩下貢『日米ビジネスコミュニケーション』日本貿易振興会（ジェトロ）、平成六年から抜粋）

（高千穂大・商・経営）

●生徒解答例

　課題文は、ロサンゼルスの日系の会社での問題を指摘している。日本人だけで土曜日出勤をして実質的な意思決定をしていたために、アメリカ人マネージャーがアンフェアだということで怒ったということだ。私なら、こうした問題に対して、日本人の土曜日出勤をとりやめるようにする。

　確かに、日本人スタッフは会社のためを思って土曜出勤をしているのだろう。土曜出勤を現地人スタッフに呼びかけても拒否される

「ということ」が二度重なっているので読みにくい。一方を消すほうがよい。

に決まっている。なので、日本人スタッフが土曜日に出勤して、話し合いをするのは当然だ。しかし、それがアメリカ人を怒らせることに気がつくべきだ。

会社をよくするためには、会社のみんなが力を合わせなければいけない。日本人とアメリカ人が対立していたら、会社は発展しない。協力するためには、日本人とアメリカ人が何でも話し合い、仲良くすることだ。アメリカ人が土曜日出勤を嫌うのなら、日本人はそれ

「ゆえに」や「したがって」にすること。「なので」は俗語。

ここから少しおかしくなる。「しかし」のあとは、問題提起にきちんと答える形で、土曜出勤をどうするかを答える形にしなくてはいけない。

論点がずれている。これでは「日本人とアメリカ人は仲よくすべきだ」と語っているだけ。
そんなことではなく、外国でも日本のやり方を通すべきなのかどうかについて書かなくてはいけない。

をするべきではない。そうしてこそ、信頼関係が生まれる。人種対立が起こると大変なことになることは、いくつもの国で内戦が起こっていることからも明らかである。

以上述べたとおり、私は外国人と日本人が信頼関係を結ぶことが何よりも大切だと考える。

ところどころ表現にうまくないところはあるものの、第二段落まではかなりのレベルだ。

ところが、第二段落の後半で突然、ずれはじめる。この生徒は、「アメリカと日本人は仲良くするべきだ」と語るばかり。だが、課題文が提出しているのは、「外国で日本と同じやり方を通してよいのか、それともアメリカ式に改めるか」という問題。だから、それについて考えなければいけない。

●修正解答

課題文は、ロサンゼルスの日系の会社での問題を指摘している。日本人だけで土曜日出勤をして実質的な意思決定をしていたために、アメリカ人マネージャーがアンフェアだと怒ったということだ。私なら、こうした問題に対して、日本人の土曜日出勤をとりやめるようにする。

確かに、日本人スタッフは会社のためを思って土曜出勤をしているのだろう。土曜出勤を現地人スタッフに呼びかけても拒否されるに決まっている。したがって、日本人スタッフとしては、土曜日に出勤し、そこに集まった仲間で話し合いをするのは当然のことだろう。しかし、現地人とともに働くからには、国際的な基準で行動するべきだと私は考える。

日本式の方法は世界には通用しない。日本人には好ましくても、それでは世界の信用を得ることができない。日本人はよいと思って行動しても、外国人は不信感を持つ。日本企業は孤立して、世界の中に入ってゆけなくなる。現在はグローバル化した社会である。外国の従業員とともに活動する必要がある。その場合、日本人だけに通用する方法をとっていたのでは、取り残されることになってしまうのである。

以上述べたとおり、私はアメリカの工場であるかぎり、アメリカ式の方法をとって、日本人スタッフの土曜出勤をやめるべきだと考える。（五六三字）

例題4

次の文章を読み、二つの問いに答えなさい。

問1　筆者の考えを三〇〇字程度にまとめなさい。

問2　筆者の考えに対して、あなたの意見を八〇〇字以内で述べなさい。

環境問題が、現代に生きるわれわれに課せられたもっとも重大な課題のひとつであることはまちがいない。そのような意識が一般の人のあいだで形作られるようになったのはごく最近のことであるが、その一つの契機になったものに一九七二年にローマクラブが発表した「成長の限界」と題する提言がある。ローマクラブ（Club of Rome）というのは、一九六八年にローマで発足した国際的な民間研究グループで、最初の会合がローマで開催されたところから、その名がついた。

「成長の限界」は、マサチューセッツ工科大学のチームによる定量モデル分析の結果に基づく提言であり、次のような内容を含んだものである。われわれが住んでいるこの地球というシステムには限界があるということを、明示的に認識することがまず必要である。また、科学技術の発達によって、これまでのような加速度的経済成長が地球環境を破壊することなく続けられるという前提は、見直す必要がある。このような認識は、今ではおおかたの人が共有するところのものになった。

地球資源の有限性に関する認識は、「運命共同体」的ヒューマニズムとでもいうべき意識をもたらした。世界中に住む人々は、住んでいる国とか生活程度、職業や人種が何かということにはかかわらず、すべて、地球という限りのある生活空間を共有しているという意味で、密接な相互依存関係によって結ばれている。したがって、全人類は互いに協力し合って生きていかねばならない。

飢餓とか自然災害などさまざまな困難は、現在その困難に直面している人々だけの問題ではなく、人類共通の問題として捉えるべきである。アメリカの数学者バックミンスター・フラーがその命名者とされている「宇宙船地球号」という表現とか、ジョン・レノンの「イマジン」の歌詞の中に見られる発想は、そのような考え方を象徴するものである。

「個」と「全体」の関係性という観点からすると、マルクスやウェーバーら「先人」の指摘を含めて、次のようなことが言えるのではないだろうか。

近代以前の社会、とくに、市場経済が発達する以前の社会においては、個と個は生活共同体の中で互いに依存する関係にあり、個は全体に従属していた。近代においては、個と個の相互の依存度は低まり、また、個は全体からの従属から解き放たれ、独立性を獲得したかに見える。しかし、それは厳しい条件つきの独立——経済や社会を運営・管理する「官僚システム」によって規定される行動様式にしたがっている限りにおいての独立——にすぎない。獲得したとみえた独立は、個の孤立と、巨大全体システムへのいっそう深いレベルでの従属との引き換えに得られたものであったというわけだ。

「宇宙船地球号」的発想は、個と全体に関する新たな考え方――新しい価値観といってもいいだろう――をもたらしているのではないだろうか。つまり、従来のように独立と従属を対立させるのではなく、個と個は互いに依存しながら全体を構成しているという社会の捉えかただ。

近代以前の時代に、人々が地域共同体の中で生活していたころは、相互依存の考え方こそが自然なものであったろう。現代社会における相互依存の特徴は、交通機関や情報通信技術の発達によって個人がきわめて広い範囲の、それこそ見ず知らずの人や状況と間接的な依存関係にあるということだ。

世界中のさまざまな要素が互いに絡み合って、縦糸と横糸が密接に入り組むことで織りなされる関係性の集合を、本書では「相互依存性のタペストリー」と呼ぶことにする。生産・流通・公共サービスなど、社会、経済を管理する巨大システムは、その相互依存性のタペストリーの主要な糸である。しかし、糸はそれだけではない。

「ボランティアのかかわり方」が基礎をおく個人と社会の見方は、「宇宙船地球号」の発想と基本的には同じものである。ボランティアは、困難を抱えている人に遭遇したとき、その人と自分の間に経済的な、またその他の直接的な関係がなくとも、また、その人が必ずしも自分と同じグループに属さなくとも、つまり、自分と人種、国籍、性別、境遇などを共有しなくとも、その人と自分が相互依存性のタペストリーによって結びついているという状況へのかかわり方をするのである。

（出典：金子郁容『ボランティア　もうひとつの情報社会』岩波新書）

（茨城キリスト教大・生活科―人間福祉）

問1

●生徒解答例

ローマクラブという一九六八年にローマに発足したグループが「成長の限界」と題する提言をまとめた。地球資源の有限性に関する認識は、「運命共同体」的ヒューマニズムとでも言うべき意識をもたらした。近代以前の

これが「地球上の人類は、同じ地球という限りある空間を共有しているという意識」だということを説明する必要がある。

社会、とりわけ市場経済が発達する以前の社会では個と個は生活共同体の中で互いに依存する関係にあって、個は全体に依存していた。近代においては、個は全体から解き放たれ、独立性を解き放たれたかに見える。しかし、「宇宙船地球号」の発想は、個と全体に関する新たな考え方や価値観をもたらしている。ボランティアのかかわり方が基礎を置く個人と社会の見方は、「宇宙船地球号」と同じだ。

どんな考え方や価値観なのかを具体的に示す必要がある。

課題文は、「かつては、個人は全体から独立しているという意識が強かったが、宇宙船地球号という発想は、それを変えて、人と人は依存し合い、支え合っているという価値観をもたらす」と語っている。それをきちんと示す必要がある。

問2

筆者の考えを一言で言えば、「地球上の人類は、どんな人でも地球という限りある生活空間を共有して、密接な相互依存関係にあるという考えが広まっている。その考えにボランティアの理念は基づいている」ということになるだろう。この考えは正しいのだろうか。

確かに、人間は支えあって生きている。人という字は支えあっていることを示している。それに、地球上に住んでいる人が、同じ運命を持っているのも事実だ。だが、私はそのよ

ここはこれでよい。

鋭い点を突いているが、福祉学科にふさわしくない。

うな考え方には賛成できない。

地球上の人類はみんなつながっているという考えは、押し付けがましい。たとえば、私の祖父は八十歳になるが、いつも、「どんなに困っても、他人のお世話にはなりたくない」」と言っている。私はそんな祖父が好きだ。きっと、祖父のところにボランティアの人が来て、助けてあげようとしても、祖父は「ほっといてくれ」というだろう。みんなつながっているという考えは、世の中にはそんな偏

閉じカッコは、句読点と同じように行の下につけるのが原則。

この部分を、むしろ、第二段落の「確かに」のあとに使って、課題文に賛成する文章にするほうがよかった。

屈者がいるということを否定する。世の中には偏屈者もいていい。

私は、筆者の言うようなボランティアの考え方には偽善のにおいを感じるのである。

なかなか個性的な考え方。このように考える人も世の中には多いだろう。
しかし、そう考えると、福祉は成り立たない。自分が福祉学科に行こうとしていることを忘れてはいけない。

問1は、課題文の重要そうなところをつなげているだけで、課題文のメインテーマをきちんと説明できていない。課題文の用語を自分の表現でつなげていくつもりで書くとよい。

問2は鋭い点を突いている。もし、これがほかの学科であれば、個性的な意見を評価されて高い点が取れるかもしれない。だが、こうした考えは「福祉」を学ぶ学科を目指す人間としては、ふさわしくない。福祉を学ぶからには、「何をしようと個人の勝手」「個人の自由を重視するべきだ」という方向では書かないほうがよい。そうした考えは、福祉の思想を否定することにつながる。課題文にイエスの方向で書くこと。

●修正解答

問1

これまでのような成長を続けると、地球環境は破壊される。したがって、地球上の人類は、どんな人であれ、地球という限りある生活空間を共有しているという意味で、密接な相互依存関係にある。そう考えると、新しい価値観がもたらされることになる。これまで、個は全体から解放されたように見えながら、実はそれは官僚システムによって規定される上での独立でしかなかったが、みんなが

「宇宙船地球号」を共有していると考えれば、個人と個人は互いに依存しながら全体を構成しているという考え方になる。実はボランティアの考え方も、困っている人の国籍や性別、境遇などが自分と違っても、相互依存の関係の中にいるという考えに基づいている。（三〇〇字）

問2

筆者の考えをひと言で言えば、「地球上の人類は、どんな人でも地球という限りある生活空間を共有して、密接な相互依存関係にあるという考えが広まっている。その考えにボランティアの理念は基づいている」ということになるだろう。この考えは正しいのだろうか。

確かに、地球上の人類はみんなつながっているという考えには、ある種の押し付けがましさがある。自分たちとまったく異なる考えを認めない傾向があるからだ。中には、困っていても、助けてほしくない人もいるだろう。「ほっといてくれ」と言う人も多いだろう。筆者の言うようなボランティアの精神は、そのような人を認めないことになる。だが、押し付けがましくならないように気をつけながらも、相互依存関係を重視する考え方をボランティアの基本理念とするべきだと、私も考える。

人間は支えあって生きている。一人で生きているつもりでも、だれかに支えられている。社会の中で生きている以上、社会を作っている人々に支えられている。一人の人間が困っているということは、社会にとっては好ましいことではない。社会にいるみんなが幸せになる権利があるからである。したがって、困っている人間がいれば、その人を助けるのが社会のためであり、自分のためでもある。もし、そのような心を忘れて、他者に無関心になり、どんなに困っている人がいても助ける気持ちを失ったら、社会は荒廃し、そのうち、自分にも困ったことが起こるだろう。

人々は支えあって社会を作っている。したがって、社会の中の一部の人の不幸は社会の責任であり、つまりは社会の一人一人の責任なのだ。その意味で、私は筆者の考えが正しいと考える。(七二六字)

3 医療・保健系(医・歯・薬、看護、保健、栄養)の傾向と対策

例題5

次の文を読み、設問に答えなさい。

老年を見る見方が、私の少年時代と今では随分変わっているように思います。私の少年時代には、老人を尊い方というふうに見る見方が残っていました。尊い方と思うのは、人々が老人を向こうの世界の言葉を感じる世代として見たからでしょう。しかし今では、不用品、厄介者《やっかいもの》、役に立たぬ者というふうに、ただ効用性や経済性のみで老人を見ているように思えてなりません。主婦を対象とした雑誌などに「老人の扱い方」などといったような記事がよくあるでしょう。あれは厄介者をどう扱うかということで、老人を丁寧に扱うとしても、厄介者として見る目が最初からあります。老人を尊ぶという考えは、もう今の世の中には毛ほどもありません。

中国では教師である先生を、老師と言うのは、「老」には敬意をあらわす

意味があるからでしょう。ギリシャの神々は若々しいけれど、日本の神様は白い髭を生《は》やした老人の姿です。松《まつ》尾《お》神社《じんじゃ》の神像の写真をみると、おごそかな老人の顔をされています。東洋では老人が尊ばれるという伝統があったのに、平均寿命がのびて、老人社会の到来といわれるようになってから、日本では急速に老人を厄介者視する傾向が出て来たように思えるのです。

日本には隠居ということがありました。昔は50歳くらいになると隠居したらしいが、今は定年でやめても、第二の人生とかいって、給料はぐんと安くなるけれど、働き続ける人が多いようです。55歳定年のところがありますが、55歳から何もしないということは、今の日本では考えられないことです。60歳定年の人でもやはり働く人が多いのじゃないでしょうか。経済状況が厳しくて、60で退職してから何もしないのでは、老後は暮らして行けないということもあるでしょう。

一方では、働いていないとボケてしまうというので、給料に関係なく働く人もいます。働いていたほうが緊張感があって、健康にいいという考えもあるでしょう。暇になると、死について考えるようになるから、死の恐怖をごまかすために働いていたほうが紛れていいという人もいるでしょう。

今の日本の経済界では、老害、つまり老人公害というのがあって、それは企業の発展を大いに阻害しているということがよく言われます。平均寿命が長くなったことで、昔ではとっくに隠退していたのに、なかなか隠退しない社長が多くなったらしいのです。ご本人は会社を築いて来た人で、皆から尊敬もされているのですが、コンピューターはじめ、技術革新がすすみ、めまぐるしく変化する世の中に対処できなくなっていることに気づかないらしいのです。尊敬はされているけれども邪魔だというわけです。

（出典：遠藤周作『死について考える―老人になれば―』光文社）

設問1　本文の主旨を述べなさい。（一〇〇字以内）

設問2　あなたの考えを述べなさい。（六〇〇字程度）

（三重県立看護大・看護）

●生徒解答例
問1

かつては、老人は尊敬されていた。ところが、平均寿命が延びてから、老人を厄介視する傾向が出てきた。昔は五十歳くらいになると隠居したが、今では経済のため、ボケないために働くようになった。

今、老人が邪魔者扱いされている、ということをもっとはっきり書くこと！

問2

高齢者が邪魔者扱いされていると筆者は言うが、本当だろうか。

　確かに、若々しい高齢者もいる。テレビのニュースで九十歳を過ぎてもすばらしい音楽を聞かせてくれるドイツの指揮者を見て、驚いた。演奏されている音楽も、若々しいのだと、解説されていた。だが、そのような人は少数だ。ほとんどの人が、邪魔者扱いされている。

　高齢者は生産性が落ちる。若い労働力を入

これを問題提起しても、論は深まらない。そのような状況でよいのかどうかを考えてほしい。

こんなことよりも、「確かに、高齢者を邪魔にするのも当然な面もある。しかし、これは好ましくない」という方向で書くほうが論が深まる。

れるほうが効率はよい。しかも、これからは情報社会。そうなると、ますます独創性が要求される。コンピュータを自由に使いこなす力が要求される。ところが、高齢者は、パソコンも使えない。独創的なことを考えるのが苦手で、昔自分が習ったとおりの方法で行動しようとする。だから、高齢者は邪魔者扱いされるのだ。かく言う私も、駅の自動券売機で高齢者が前にいると、あまりののろさにいらいらすることがある。

体言止めは、小論文では使わないほうがよい。

これでは、わかりきった事実を確認しているにすぎない。

正直な気持ちかもしれないが、このようなことは書くべきではない。

私も筆者と同じように、現代社会では高齢者が邪魔者扱いされていると考える。

問1は肝心のことが抜けている。「今、老人が邪魔者扱いされている」ということをしっかりと言わなければいけない。問2を読むかぎり、この生徒は課題文の主張を理解できているようなのに、それを問1にきちんと示していない。問2は、問題提起がよくない。老人が邪魔者扱いされているということを説明しても、論にならない。イエスに決まっている。実際の状況がどうなのかを問題にして書いても、みんなが知っていることを繰り返し説明することにしかならない。小論文というのは、基本的に価値観を論じるもの。だから、このような状況は好ましいのか悪いのか、改善するべきなのかについて考える必要がある。

●修正解答

問1

かつては、老人は尊敬されていた。だが、平均寿命が延びてから、老人はなかなか引退せずに働くようになった。そのために、新しいことにも対処できない老人が邪魔者扱いされて、厄介視されている。(九一字)

問2

私は、高齢者が邪魔者扱いされる現状は好ましくないと考える。

確かに、高齢者は生産性が落ちる。したがって、若い労働力を入れるほうが効率はよい。これからは情報社会が進んでいく。そうなると、ますます独創性が要求される。コンピューターを自由に使いこなす力が要求される。そうなると、ますます高齢者は邪魔者扱いされかねない。だが、これからは、高齢者を邪魔者とみなすべきではない。

高齢者を邪魔者とみなす考え方には、効率的にたくさんのものを生産する人が優れた人だという経済性重視の考え方がある。かつて老人が尊敬されていたのは、生産が今ほど重視されていなかったからである。経済が重視されるようになり、人間が生産で計られるようになって、高齢者差別が始まったのだ。したがって、私は高齢者に対する差別をなくすには、たくさんお金を稼ぐ人が偉いという考えを改めるべきだと考える。それを改めれば、高齢者も、お金を稼がないからといって小さくならずに生きていくことができる。邪魔者扱いされなくなる。かつてのように、尊敬されることになるはずだ。

これまで述べてきたように、まずは経済中心の考え方を改めるべきである。そうすることによって、高齢者は邪魔者扱いされなくなるはずである。（五四七字）

例題6

次の文章を読んで、傍線部の「たくさんの欠陥」について例を挙げ、あなたの感じたこと、及び考えを六〇〇字程度でまとめなさい。（字数変更）

遺伝子操作のことを大衆にもっと知らせるべきだという意見が多数をしめているが、時々これと反対の意見がでることもある。まず、この反対意見をしっかり検討しておきたい。反対意見によれば、「大衆は難しい科学技術など知らなくてもよい」ということになる。ちゃんとした科学技術の基礎知識がない一般大衆は最先端の科学技術の内容を知る必要がない。大衆がそういう最先端の科学技術を理解できると期待するのも非現実的だ、という考え方である。

この理論を進めると、大衆が知る必要のあることは、政府とか科学界とかの責任のある部局がちゃんと仕事をしているかどうかだけである。つまり、「遺伝子操作の研究開発は十分安全に進められており、当局は厳重に管理しています」、という政府と科学界の発表を信頼するかどうかだけになる。

たとえば、遺伝子操作で造られた食品がスーパーマーケットに並んだとき、一般大衆はその食品を造った技術を知る必要はない。ただ、専門家がその食品を食べても安全だと保証してくれればよい。あとは市場の論理がはたらいて、すべてが信頼されればその食品は売れるし、信頼されなければ売れない、というわけだ。

この論理は一見もっともらしく聞こえるが、少し考えてみるとたくさんの欠陥があることがわかる。

（出典：白楽ロックビル訳『生物改造時代がくる』）

（女子栄養大・短期大学部―食物栄養）

●生徒解答例

課題文は「一般大衆は、食品を作った遺伝子操作などの技術について知る必要はない。専門家が安全だと保証しているのだから、それを信頼すればよい」と語っている。

「たくさんの欠陥」とは、第一に、遺伝子操作の害は十分に検証されていないことである。直接的な被害はまだ報告されていないかもしれない。しかし、操作された遺伝子が人間の遺伝子に影響を与えないという証明はなされてない。あとになって、人間の遺伝子に

内容的には悪くない。が、これでは長すぎる。「たくさんの欠陥」の内容について説明するだけでは、課題にきちんと答えたことにならない。小論文では、君の考えを示すことが大事なのだから。

損害を与えたことが分かるかもしれないのだ。第二に、専門家は、これまでの例でも、しばしばメーカーと結びついていて、客観的な実験をしていないことがある。専門家もメーカーからお金をもらっていたりするのだ。第三に、この考え方は、消費者を重視していないので、国民不在という面がある。民主主義にふさわしいとは思えない。このように、たくさんの欠陥が、この考えにはあるのである。

　私は、このような考えは、とても恐ろしい

ここまでで全体の半分く
らいの長さにまとめるほう
がよい。

と思う。こんな考えをする人がいるということに、世の中は、信じられないことが多いと思った。

小論文で「感想」が求められたとしても、このような感情的なことを書くべきではない。課題文に対する理性的な「感想」、つまり、意見を書いてほしい。

「たくさんの欠陥」を改善するには何が必要なのか……などについて示すとよかった。

この生徒は、おそらく忠実に設問に答えたつもりなのだろう。最初に課題文の内容を説明し、次に、「たくさんの欠陥」の内容を説明している。そして、最後の段落に「感想」を加えている。

だが、これでは一貫した論にならない。それぞれの段落がばらばらになってしまっている。しかも、小論文の問題に「感想」が求められた場合、「恐ろしい」などの感想を書くべきではない。小論文で「感想」を求められた場合は、「意見」とほとんど同じと考えてよい。つまり、この小論文は、まとまりのない、つまらない感想を書いただけの文章になっている。

したがって、ここでも『型』を応用することを勧める。「たくさんの欠陥」を説明したあとで、課題文の主張が正しいかどうかを論じる形をとるわけだ。そうすることによって、問われていることを満たすと同時に、まとまりのある意見にできる。

●修正解答

課題文のいう「一般大衆は、食品を作った遺伝子操作などの技術について知る必要はない。専門家が安全だと保証しているのだから、それを信頼すればよい」という考えにある欠陥とは、第一に、遺伝子操作の害は十分に検証されていないことである。直接的な被害はまだ報告されていないかもしれない。しかし、操作された遺伝子が人間の遺伝子に影響を与えないという証明はなされていない。第二に、専門家は、これまでの例でも、しばしばメーカーと結びついていて、客観的な実験をしていないことがある。第三に、この考え方は、消費者を重視しない国民軽視の面があって、民主主義にふさわしくない。

もちろん、素人は意味なく心配する傾向がある。したがって、ヒステリックに何もかも反対するのでなく、冷静な判断が必要である。しかし、被害が出てからでは遅いのだ。慎重な態度が必要である。

これまでも、絶対に安全とされてきたものが、実は危険だったという例がある。科学によってすべてを理解することはできない。まだまだ現在の科学では解明できていないことも多いのだ。そのことを考えると、慎重な上にも慎重であることが必要だ。

以上述べたとおり、私は、筆者と同じように、専門家を信じるのでなく、できるだけ慎重であるべきだと考える。（五五二字）

読んでおくべき本

本文で小論文の書き方は十分に説明した。だが、小論文を書くには、書き方をマスターしただけでは十分ではない。いくら書き方がわかっても、書く内容がなければ書きようがない。

つまり、知識が必要なのだ。知識なしには、何も書けるはずがない。では、どうするか。**いちばん簡単なのは、本を二、三冊読んで、知識を蓄えること**。それも、ただ漠然と読むだけではなく、どこかに使えるアイデアはないかと探しながら読むべきだ。もし使えそうな文が見つかったら、暗記しておくといい。

前にも言ったように、推薦小論文やAO入試小論文は一般小論文と違って、出

▼最低限の知識なしで、小論文を書くのは難しい。

▼本を二、三冊読んで、知識を蓄えること。どこかに使えるアイデアはないか探しながら読むべきだ。もし使えそうな文が見つかったら、暗記しておくこと。

題の範囲はそれほど広くはない。あまりとっぴな問題や難しい問題はなく、基本さえ理解していれば書ける問題が多い。それに、どこの大学・短大も同じような問題を出す。

以下にあげる図書をきちんと読んでおけば、対策は万全と言っていいだろう。もし、そのままズバリの問題が出ればシメタもの。そうでなくても、その知識を使って考えれば何か書けるはず。

したがって、これらの書物のうち、少なくとも、自分の受験する学校の傾向に似ているものを二冊読むこと。できれば五冊、いくつかの学部を併願する人は全部読んでおけば、よほどひねくれた問題が出ないかぎりは大丈夫だろう。

必読書

●『読むだけ小論文』(学研・大学受験ポケットシリーズ)

小論文に出題されるさまざまな問題について、それぞれの項目について、十ページ前後で、詳しく、そしてわかりやすく説明している。1入門編、2応用編、3医歯薬看護系の合計三冊が出ている。これだけで基礎知識は十分と言っていいだろう。

短大などの推薦・AO入試に役に立つ本

●鈴木孝夫『日本語と外国語』（岩波新書）

言語とは何か、言葉にはどんな働きがあるのかなどを、わかりやすく説明している。外国語系・文学系の受講生の必読書。

●岩崎駿介『地球人として生きる』（岩波ジュニア新書）

国際社会に求められる問題点をわかりやすくまとめている。国際系、外国語系の必読書。

●槌田劭『地球をこわさない生き方の本』（岩波ジュニア新書）

環境問題をわかりやすく整理している。経済系、家政系、理系の必読書。

●原康『国際関係がわかる本』（岩波ジュニア新書）

民族紛争、南北問題など、国際社会を取り巻くさまざまな問題をわかりやすく解説している。

●赤松良子『女性の権利』（岩波ジュニア新書）

女性問題や人権問題を知るための本。女子大をめざす人は必読。

●星野一正『医療の倫理』（岩波新書）

現在の医療の主流を占める「患者本位の医療」を説いている。臓器移植を含むさまざまな問題を的確に論じている。医学系の受講生の必読書。

●山本博史『現代たべもの事情』（岩波新書）

現代の食物、栄養などについての、基礎知識をまとめている。栄養系の人の必読書。

●糸賀一雄『福祉の思想』（ＮＨＫブックス）

福祉の思想、福祉の考え方について説明している。やや古い本だが、現在でも十分に通用する。

難関校をめざす人にはぜひ読んでほしい本

●鈴木孝夫『ことばと文化』（岩波新書）

言語がいかに人間の精神を作っているかをわかりやすく教えてくれる本。文学部・外国語学部・人文系の人、必読。

●岸田秀『ものぐさ精神分析』（中公文庫）

「人間は本能の壊れた動物」などの鋭いフレーズを含む。人間のさまざまな行為を鋭く、おもしろく分析している。人間精神や人間の文化の仕組みがわかる。

●**なだいなだ『民族という名の宗教』（岩波新書）**

近代史を追いかけながら、さまざまな政治思想の問題や現代の民族問題を的確にわかりやすく、そのうえおもしろく書いている。眼を開かれる思いがする。

●**山本雅男『ヨーロッパ「近代」の終焉』（講談社現代新書）**

西洋の近代文明とは何だったのか、それが現在どのように変わろうとしているかをわかりやすく説明している。慶応志望者は必読。

●**渡辺洋三『法とは何か』（岩波新書）**

法律とは何か、法律はどういう役割を果たしているのかを説明している。法律系志望者は必読。

●**橋爪大三郎『政治の教室』（ＰＨＰ新書）**

民主主義の意味、国家のあり方についてわかりやすく解説している。

樋口　裕一（ひぐち　ゆういち）

1951年大分県に生まれる。早稲田大学第一文学部卒。立教大学大学院研究科後期課程修了。作家、多摩大学経営情報学部教授、小論文・作文通信指導の「白藍塾」塾長。入試小論文指導の第一人者で“小論文の神様”と呼ばれる。教育活動の傍ら、幅広い年齢層に対し、文章の書き方、話し方、思考法、教育、音楽など多岐に渡るテーマの書を執筆。主な著書に、250万部突破の大ベストセラー『頭がいい人、悪い人の話し方』（PHP新書）、『ホンモノの文章力―自分を売り込む技術』（集英社新書）がある。大学入試参考書では『まるまる使える入試小論文 改訂版』『まるまる使える医療福祉看護系小論文 改訂版』等のまるまる使えるシリーズ（桐原書店）、『読むだけ小論文』シリーズ（学研）などがある。

白藍塾への電話での資料請求はこちらへどうぞ。

フリーダイヤル 0120-890-195

Webからも資料をご請求いただけます。

http://www.hakuranjuku.co.jp

まるまる使える　推薦入試　小論文・作文［改訂版］

1992年8月1日　初　版第1刷発行
1997年12月20日　初　版第20刷発行
1999年7月10日　新装版第1刷発行
2002年2月1日　新装版第7刷発行
2002年8月1日　改訂版第1刷発行
2008年6月20日　改訂版第12刷発行
2009年7月1日　新装改訂版第1刷発行

著　者　樋口　裕一
発行者　ブレンダン・デラハンティ
印　刷　株式会社 ケーコム
製本所　株式会社 越後堂製本

発行所　株式会社　**桐原書店**
〒166-0003　東京都杉並区高円寺南2-44-5
TEL 03-3314-8181（販売）　振替　00160-1-55244
ホームページ　http://www.kirihara.co.jp/

装丁／南　貴之・本文レイアウト／小菅和信（ケイ・グローバル・デザイン）
本文イラスト／坂本 水津哉／山口さやか

ISBN978-4-342-70864-0